Curso
MAD360

*La diferencia entre aprobar
y sacar plaza*

Auxiliar de Clínica/Enfermería

DIPUTACIÓN PROVINCIAL DE PALENCIA

Si aún no dispones de tu **Curso MAD360**, te ofrecemos un acceso GRATIS de 30 días para que disfrutes de los siguientes recursos:

- Técnicas de Memoria 360.
- MADTEST: Test *online* Nivel PRO.
- Temario en formato digital.
- Vídeos.
- Esquemas.
- Planificación de estudio.
- Foro entre opositores hasta la fecha del examen.*
- Recursos y novedades exclusivas.
- Consúltanos sobre tu oposición y proceso selectivo.
- Actualizaciones legislativas (Boletines Oficiales) hasta 60 días antes de la fecha del examen.*

Para acceder a esta prueba del Curso MAD360** será necesaria la compra de todos los libros para esta especialidad de la edición 2025.

Regístrate en **mad.es/iniciar-sesion** y en la pestaña BIBLIOTECA valida los códigos que encuentras en la última página de tus libros.

NOTA IMPORTANTE:

* Examen de esta categoría profesional correspondiente a la convocatoria publicada en el BOE núm. 88, de 11 de abril de 2025, o hasta el 30 de junio de 2026, lo que se cumpla antes, y previa renovación del servicio.

** El acceso al CURSO MAD360 estará disponible desde junio de 2025 (algunos recursos podrían estar disponibles en fecha posterior). Tendrá una duración de 30 días RENOVABLES mediante pago, desde la validación de códigos, o hasta el 31 de diciembre de 2026, lo que se cumpla antes.

MAD se reserva el derecho a ampliar dichas fechas.

Auxiliar de Clínica/Enfermería de la Diputación Provincial de Palencia

Mayo, 2025

Auxiliar de Clínica/Enfermería de la Diputación Provincial de Palencia

Test

Autores

FRANCISCO JESÚS TORRES FONSECA
Licenciado en Derecho

TERESA MARÍA TORRES FONSECA
Licenciada en Derecho

MAGALÍ RIERA ROCA
Licenciada en Derecho

LIDIA MARINA PONCE MARTÍNEZ
Licenciada en Psicología

JUAN MANUEL GIL RAMOS
Licenciado en Medicina

HERMINIA ANDRADES ROMERO
Diplomada en Fisioterapia

M.ª DEL CARMEN SILVA GARCÍA
Diplomada Universitaria en Enfermería

LUIS FERNANDO RODRÍGUEZ SUÁREZ
Doctor en Medicina y Cirugía

© 7 Editores Recursos para la Cualificación Profesional y el Empleo, S.L. (7 Editores)
© Los autores
Primera edición, mayo 2025 (206 páginas)
Derechos de edición reservados a favor de 7 Editores
IMPRESO EN ESPAÑA
Diseño Portada: 7 Editores
Edita: 7 Editores
Avda. San Francisco Javier, 9 · Edificio Sevilla 2 · Planta 11 · Módulos 25-27 · 41018 Sevilla
Teléfono: 954 784 411 · WEB: www.mad.es · e-mail: administracion@7editores.com
ISBN: 978-84-142-9549-6
© "Editorial Mad" y "Eduforma" son nombres comerciales registrados de
7 Editores Recursos para la Cualificación Profesional y el Empleo, S.L.

Índice

TEST N.º 1

La Constitución Española de 1.978. Principios generales. Antecedentes, estructura y contenido. Derechos y deberes fundamentales de los españoles

1. ¿En qué se fundamenta la Constitución Española?

a) En un Estado social y democrático de Derecho.
b) En la indisoluble unidad de la Nación española.
c) En la independencia de los poderes del Estado.
d) En la organización territorial del Estado.

2. Según el artículo 3 de la CE, el castellano es la lengua oficial del Estado y todos los Españoles:

a) Tienen el deber de usar y el derecho de conocer el castellano.
b) Tienen el derecho y el deber de conocer el castellano.
c) Tienen el deber de conocer y el derecho de usar el castellano.
d) Tienen el derecho de conocer y usar el castellano.

3. La Constitución Española reconoce y garantiza el derecho a la autonomía:

a) De las nacionalidades que la integran.
b) De las regiones que la integran.
c) De las Comunidades Autónomas que la integran.
d) De las nacionalidades y regiones que la integran.

4. El Preámbulo de la Constitución:

a) Tiene en sí carácter de norma jurídica.
b) Es una declaración de intenciones, destinada a interpretar lo que se quiere alcanzar con el contenido normativo de la Constitución.
c) Se trata de un texto sin fuerza jurídica de obligar.
d) Las respuestas b) y c) son correctas.

5. Señala la afirmación correcta, respecto de la aprobación, ratificación y publicación de la Constitución Española:

a) Aprobada por las Cortes el 31 de octubre de 1978, ratificada por el pueblo en referéndum el 6 de diciembre de 1978 y publicada el 29 de diciembre de 1978.
b) Aprobada por las Cortes el 30 de octubre de 1978, ratificada por el pueblo en referéndum el 16 de diciembre de 1978 y publicada el 27 de diciembre de 1978.
c) Aprobada por las Cortes el 31 de octubre de 1978, ratificada por el pueblo en referéndum el 16 de diciembre de 1978 y publicada el 29 de diciembre de 1978.
d) Aprobada por las Cortes el 10 de octubre de 1978, ratificada por el pueblo en referéndum el 26 de diciembre de 1978 y publicada el 30 de diciembre de 1978.

6. ¿En qué parte de la Carta Magna se establece la exposición de motivos que impulsan la norma constitucional y los objetivos que con ella se pretenden alcanzar?

a) En el Título preliminar.
b) En el Preámbulo.
c) En el Título I.
d) En el Título II.

7. La Constitución Española fue sancionada por:

a) El Rey.
b) El Presidente del Congreso.
c) Las Cortes Generales.
d) El Presidente del Gobierno.

8. ¿Cuáles de los siguientes españoles de origen pueden ser privados de su nacionalidad?

a) Exclusivamente los miembros de grupos terroristas.
b) Los miembros de grupos terroristas y los que atenten contra el Rey u otro miembro de la Casa Real.
c) Los que atenten contra un miembro de la Familia Real o del Gobierno de la Nación.
d) Ningún español de origen podrá ser privado de su nacionalidad.

9. Según la CE son fundamentos del orden político y la paz social:

a) La dignidad de la persona, los derechos violables que les son inherentes y el respeto a la ley.
b) La dignidad de la persona, el desarrollo limitado de la personalidad y el respeto a la ley.
c) El respeto a la ley, a los reglamentos administrativos y demás disposiciones legales.
d) La dignidad de la persona, los derechos inviolables que le son inherentes, el libre desarrollo de su personalidad, el respeto a la ley y a los derechos de los demás.

10. ¿Cuál de los siguientes es considerado por la CE como uno de los valores superiores del ordenamiento jurídico?

a) La jerarquía normativa.
b) El pluralismo político.
c) La publicidad normativa.
d) La equidad.

11. La forma política del Estado español es:

a) Democracia parlamentaria.
b) Gobierno parlamentario.
c) Monarquía parlamentaria.
d) República democrática.

12. La parte de la CE que regula la estructura de los principales órganos del Estado recibe el nombre de:

a) Parte dogmática.
b) Parte orgánica.
c) Parte estatal.
d) Parte estructural.

13. Según la CE, la soberanía nacional:

a) Corresponde a las Cortes Generales, al estar compuestas por los representantes del pueblo.
b) Corresponde al Rey.
c) Reside en el pueblo español.
d) Corresponde al Gobierno de la Nación elegido directamente por el pueblo.

14. El derecho a la propiedad en nuestra Constitución es un Derecho:

a) Inherente a la condición humana.
b) Absoluto.
c) Limitado por la función social de la misma.
d) Ninguna de las respuestas anteriores es correcta.

15. ¿En qué parte de la Carta Magna se señalan los valores superiores del ordenamiento jurídico?

a) En el Preámbulo.
b) En el Título Preliminar.
c) En el Título I.
d) Ninguna respuesta es correcta.

16. ¿Cuál de las siguientes es una de las características de nuestra Constitución de 1978?

a) Consensuada.
b) Corta.
c) Conservadora.
d) Originalidad.

17. Son el fundamento del orden político y de la paz social:

a) El libre desarrollo de la personalidad.
b) Los derechos inviolables que les son inherentes.
c) El respeto a la ley y a los derechos de los demás.
d) Todas las respuestas son correctas.

18. Señala la respuesta incorrecta respecto al Tribunal Constitucional:

a) Se organiza a través de las figuras del Presidente, el Pleno, las Salas y las Secciones.
b) El Presidente, será nombrado entre sus miembros por el Rey, a propuesta del mismo Tribunal en Pleno y por un período de tres años.
c) El Pleno lo preside el Presidente del Tribunal y, en su defecto, el Vicepresidente y, a falta de ambos, el Magistrado de mayor edad.
d) La distribución de asuntos entre las Salas del Tribunal se efectuará según un turno establecido por el Pleno a propuesta de su Presidente.

19. Para la adopción de los acuerdos de las Secciones, se requerirá:

a) La presencia siempre de sus tres miembros.
b) La presencia de dos miembros, salvo que haya discrepancia, requiriéndose entonces la de sus tres miembros.
c) La presencia de tres miembros, salvo que haya discrepancia, requiriéndose entonces la de sus cinco miembros.
d) La presencia siempre de sus cinco miembros.

20. Señala la respuesta incorrecta respecto a las sentencias del Tribunal Constitucional:

a) Las sentencias y resoluciones del Tribunal Constitucional tendrán la consideración de títulos declarativos.
b) Todos los poderes públicos están obligados al cumplimiento de lo que el Tribunal Constitucional resuelva.
c) Las sentencias del Tribunal Constitucional se publicarán en el Boletín Oficial del Estado con los votos particulares, si los hubiere.
d) Salvo que en el fallo se disponga otra cosa, subsistirá la vigencia de la ley en la parte no afectada por la inconstitucionalidad.

21. ¿Quién nombra a los miembros del Tribunal Constitucional?

a) El Rey.
b) El Presidente del Gobierno.
c) Las Cortes Generales.
d) El Presidente del Tribunal Constitucional.

22. ¿Cuántos de los miembros del Tribunal Constitucional son propuestos por el Consejo General del Poder Judicial?

a) Cuatro.
b) Tres.
c) Dos.
d) Ninguno.

23. Los miembros del Tribunal Constitucional deberán ser nombrados entre Magistrados y Fiscales, Profesores de Universidad, Funcionarios Públicos y Abogados, todos ellos Juristas de reconocida competencia:

a) Con más de veinte años de ejercicio profesional.
b) Con más de quince años de ejercicio profesional.
c) Con más de doce años de ejercicio profesional.
d) Con más de diez años de ejercicio profesional.

24. Dispone la Carta Magna que todos contribuirán al sostenimiento de los gastos públicos de acuerdo con su capacidad económica mediante un sistema tributario justo inspirado en los principios de:

a) Legalidad y equidad.
b) Igualdad y progresividad.
c) Publicidad y legalidad.
d) Eficacia y sostenibilidad.

25. Las primeras elecciones democráticas celebradas en España tras la muerte de Franco tuvieron lugar en:

a) 1975.
b) 1976.
c) 1977.
d) 1978.

26. El referéndum en el que se aprobó popularmente la Constitución se llevó a efecto el:

a) 27 de diciembre de 1978.
b) 6 de diciembre de 1978.

c) 31 de octubre de 1978.
d) 29 de diciembre de 1979.

27. La ponencia encargada de redactar el borrador de la Constitución se constituyó en el:

a) Senado.
b) Senado y Congreso de los Diputados.
c) Congreso de los Diputados.
d) Gobierno de la Nación.

28. Si un poder público, en su actuación, infringe lo dispuesto en el Preámbulo de la Constitución:

a) Incurre en nulidad.
b) Incurre en inconstitucionalidad.
c) No pasa nada salvo que, como consecuencia de esa actuación, se infrinja un artículo de la propia Constitución.
d) Nada de lo anterior es cierto.

29. El principio en virtud del cual el ciudadano está amparado por una legislación no sujeta a continuos vaivenes es el de:

a) Legalidad.
b) Publicidad normativa.
c) Seguridad jurídica.
d) Jerarquía normativa.

30. El principio en virtud del cual un Reglamento no puede contradecir una ley es el de:

a) Legalidad.
b) Jerarquía normativa.
c) Las respuestas a) y b) son correctas.
d) Seguridad jurídica.

31. Según la Constitución, una norma que imponga una nueva pena más leve para un delito:

a) No se aplica retroactivamente.
b) Puede aplicarse retroactivamente.
c) Ha de ser reglamentaria.
d) Atenta contra el principio de legalidad penal si se aplica retroactivamente.

32. Todos los españoles, respecto al castellano, tienen el:

a) Derecho-deber de conocerlo.
b) Derecho de usar y deber de conocerlo.
c) Derecho-deber de usarlo.
d) Nada de lo anterior.

33. La capital del Estado en España es:

a) La propia de cada Comunidad Autónoma.
b) La villa de Madrid.
c) Aquella donde se establezca en cada momento el Gobierno de la Nación.
d) Aquella en la que resida generalmente el Rey.

34. El Título de la Constitución que trata de la reforma constitucional es el:

a) Primero.
b) Décimo.
c) Noveno.
d) Undécimo.

35. El Defensor del Pueblo se regula en el siguiente Título y Capítulo de la Constitución, respectivamente:

a) Preliminar y 1.º
b) Segundo y 4.º
c) Segundo y 3.º
d) Primero y 4.º

36. El Título de la Carta Magna que trata del Gobierno y la Administración es el:

a) Tercero.
b) Cuarto.
c) Quinto.
d) Sexto.

37. Los principios rectores de la política social y económica se regulan en el siguiente Capítulo y Título de la Constitución:

a) Segundo del Primero.
b) Tercero del Primero.
c) Tercero del Preliminar.
d) Primero del Séptimo.

38. La derogación de una norma posconstitucional que vaya en contra de la Constitución se efectúa por el/la/las:

a) Propia Constitución.
b) Tribunal Constitucional.
c) Cortes Generales.
d) Gobierno de la Nación.

39. El pluralismo político, para nuestra Constitución, es un/una:

a) Principio General del ordenamiento político.
b) Valor superior del ordenamiento jurídico.
c) Principio rector de la política social y económica.
d) Derecho fundamental.

40. La forma política del Estado español es:

a) Unitaria y regionalizada.
b) Federal.
c) La Monarquía Parlamentaria.
d) La propia de un Estado Social y Democrático.

41. La justicia, según nuestra Constitución, es un/una:

a) Principio de nuestro ordenamiento jurídico.
b) Valor superior del anterior.
c) Manifestación del Estado democrático.
d) Todo lo anterior.

42. Un español de origen puede perder esta nacionalidad:

a) Por sanción administrativa.
b) Cuando libremente renuncie a la misma.
c) Por condena penal.
d) En ningún caso.

43. Constituye el fundamento del orden público y de la paz social, según la Constitución, el/la/los:

a) Derechos inviolables inherentes a la persona.
b) Estado social y democrático de Derecho.
c) Seguridad jurídica.
d) Justicia.

44. Las Comunidades Autónomas deben usar o instalar la bandera española:

a) En sus edificios.
b) En los actos oficiales.
c) Cuando lo solicite el Delegado del Gobierno de la Nación en las mismas.
d) Cuando lo estimen oportuno.

45. Deben tener una estructura interna y un funcionamiento democrático los/las:

a) Partidos Políticos.
b) Colegios Profesionales.
c) Organizaciones Profesionales.
d) Todos ellos.

46. La defensa de la integridad territorial de España se atribuye por la Constitución a/al/a las:

a) Fuerzas y Cuerpos de Seguridad.
b) Fuerzas Armadas.
c) Gobierno de la Nación.
d) Todas las anteriores.

47. El Título de la Constitución que trata de las relaciones entre el Gobierno y las Cortes Generales es el:

a) Cuarto.
b) Quinto.
c) Sexto.
d) Tercero.

48. La Constitución entró en vigor:

a) Al día siguiente de su publicación en el Boletín Oficial del Estado.
b) El 27 de diciembre de 1978.
c) El 29 de diciembre de 1978.
d) Al ser aprobada en la sesión conjunta por el Congreso de los Diputados y el Senado.

49. Según la Constitución, el Estado es:

a) Apolítico.
b) Aconfesional.
c) De bienestar social.
d) Federal.

50. El derecho a la vida se consagra en el siguiente artículo de la Constitución:

a) 10.
b) 16.
c) 15.
d) 24.

51. La pena de muerte en España:

a) Ha quedado abolida.
b) Puede aplicarse en cualquier momento.
c) Solo se aplicará, en tiempo de guerra, a los militares.
d) Rige solo en el ámbito civil.

52. La inmediata puesta a disposición judicial derivada del habeas corpus, se produce por:

a) Detención ilegal.
b) Prisión ilegal.
c) Prisión preventiva.
d) Detención preventiva.

53. El proceso en el que se enjuicie a un presunto delincuente debe:

a) Ser sumario.
b) No dilatarse.
c) Entorpecer los instrumentos probatorios.
d) Nada de lo anterior es cierto.

54. La entrada en un domicilio en caso de flagrante delito, sin autorización de su titular:

a) Puede dar lugar a la aplicación del habeas corpus.
b) Requiere autorización previa de la autoridad judicial.
c) Puede efectuarse en todo momento.
d) No puede realizarse en momento alguno.

55. Cuando, al conocerse la comisión de un delito por una persona, se acude a su domicilio para detenerla:

a) Está obligada a franquear la entrada.
b) Se necesitará autorización judicial para entrar, si no da su consentimiento para ello.
c) Pese a que no dé su consentimiento, se puede entrar.
d) Nada de lo anterior es correcto.

56. La autorización previa para celebrar una manifestación pública:

a) La da el Subdelegado del Gobierno en la Provincia.
b) Es ineludible.
c) Sería inconstitucional.
d) Se da cuando no se prevean alteraciones al orden público, con peligro para personas o bienes.

57. El tipo de sufragio que consagra la Constitución es el:

a) Proporcional.
b) Universal.
c) Censitario.
d) Las respuestas a) y b) son correctas.

58. Además de la no autoinculpación, la Constitución prevé que no se está obligado a declarar sobre un hecho presuntamente delictivo en caso de:

a) Parentesco y afinidad.
b) Cláusula de conciencia.
c) Secreto profesional.
d) Las respuestas a) y b) son correctas.

59. Los Tribunales de Honor están prohibidos respecto de los/la/las:

a) Sindicatos y Organizaciones Profesionales.
b) Administración Civil y Militar.
c) Organizaciones Profesionales y la Administración Civil.
d) Todas las respuestas anteriores son correctas.

60. El secreto profesional, constitucionalmente, sirve para:

a) Ejercer con libertad una profesión titulada.
b) La libertad de creación científica y técnica.
c) No declarar sobre hechos presuntamente delictivos.
d) Todo lo anterior.

61. La fundación de una Internacional Sindical por un sindicato español:

a) Es libre.
b) Está prohibida.
c) Debe plasmarse en un Tratado Internacional.
d) Nada de lo anterior es cierto.

62. El ejercicio del derecho de petición a través de una manifestación ciudadana:

a) No se admite.
b) Se admite en algún caso.
c) Se admite, salvo para los militares.
d) Ni se admite ni se prohíbe.

63. Nuestro sistema tributario ha de ser:

a) Regresivo e igualitario.
b) Progresivo y generalizado.
c) Confiscatorio.
d) Justo y regresivo.

64. ¿Cuántas salas tiene el Tribunal Constitucional y de cuántos Magistrados se componen cada una de ellas?

a) Las Salas son tres, compuestas cada una por cuatro Magistrados.
b) Las Salas son dos, compuestas cada una por seis Magistrados.
c) Las Salas son tres, compuestas cada una por seis Magistrados.
d) Las Salas son dos, compuestas cada una por cuatro Magistrados.

65. Las Fundaciones son:

a) Entidades constituidas para fines de interés general.
b) Administración Corporativa.
c) Entidades privadas con fines de carácter también privado.
d) Asociaciones de personas para conseguir fines de interés general.

66. La asistencia de todo orden a los hijos habidos extraconyugalmente:

a) No está prevista en la Constitución.
b) Es un deber de los padres.
c) Se dispensará por Instituciones de Beneficencia.
d) Se dispensa solo a los que de ellos tengan discapacidad.

67. La especulación urbanística, según la Constitución:

a) Debe evitarse.
b) Está permitida.
c) Genera plusvalías para la colectividad.
d) Pueden hacerla los poderes públicos.

68. No es susceptible de recurso de amparo el derecho a la/de:

a) Sindicación.
b) Investigación científica.

c) Secreto de las comunicaciones.
d) Lo son todos ellos.

69. Tampoco lo es el derecho de:

a) Libertad de cátedra.
b) Negociación colectiva.
c) Manifestación.
d) Huelga.

70. Y sí lo está el derecho de/a la:

a) Libre sindicación.
b) Petición.
c) Cláusula de conciencia.
d) Lo están todos ellos.

71. Una vez declarado el estado de excepción no se puede suspender el derecho/ libertad de:

a) Huelga.
b) Enseñanza.
c) Adopción de medidas de conflicto colectivo.
d) Libertad de circulación.

72. Durante el estado de excepción, un detenido conserva el derecho de/a:

a) Setenta y dos horas para ser puesto a disposición judicial.
b) Secreto de comunicaciones.
c) Asistencia de Letrado.
d) Ninguno de ellos.

73. Se puede suspender, con motivo de investigaciones relativas a bandas armadas, el derecho de:

a) Huelga.
b) Inviolabilidad del domicilio.
c) Libertad de circulación.
d) Las respuestas b) y c) son correctas.

74. ¿En qué fecha aprobaron las Cortes Generales la Constitución Española?

a) El 31 de octubre de 1978.
b) El 6 de diciembre de 1978.
c) El 27 de diciembre de 1978.
d) El 29 de diciembre de 1978.

75. ¿Cuál de las siguientes no es una característica de la Carta Magna?

a) Su rigidez.
b) El establecimiento, como forma política del Estado, de la monarquía hereditaria.
c) Su codificación en un solo texto.
d) Su extensión.

76. ¿De cuántos artículos consta la Constitución Española de 1978?

a) De 154.
b) De 163.
c) De 169.
d) De 171.

77. ¿Cuál de los siguientes no es uno de los valores superiores de nuestro ordenamiento jurídico?

a) El pluralismo político.
b) La solidaridad.
c) La libertad.
d) La igualdad.

78. A tenor del artículo 11 de la Constitución, los españoles de origen podrán ser privados de su nacionalidad:

a) Cuando así lo determinen las leyes.
b) Cuando entren al servicio de las armas de un país extranjero.
c) Cuando así lo apruebe el Consejo de Ministros.
d) En ningún caso un español de origen podrá ser privado de su nacionalidad.

79. Las Cortes Generales, ¿en qué Título de nuestra Constitución se recogen?

a) En el Título II.
b) En el Título III.
c) En el Título IV.
d) En el Título VI.

80. Según la Disposición Final de nuestra Constitución, esta entrará en vigor:

a) Al día siguiente de su publicación en el Boletín Oficial del Estado.
b) A los veinte días de la publicación de su texto oficial en el Boletín Oficial del Estado.
c) El mismo día de la publicación de su texto oficial en el Boletín Oficial del Estado.
d) Al año de la publicación de su texto oficial en el Boletín Oficial del Estado.

Solución al test n.º 1

1. b) En la indisoluble unidad de la Nación española.

2. c) Tienen el deber de conocer y el derecho de usar el castellano.

3. d) De las nacionalidades y regiones que la integran.

4. d) Las respuestas b) y c) son correctas.

5. a) Aprobada por las Cortes el 31 de octubre de 1978, ratificada por el pueblo en referéndum el 6 de diciembre de 1978 y publicada el 29 de diciembre de 1978.

6. b) En el Preámbulo.

7. a) El Rey.

8. d) Ningún español de origen podrá ser privado de su nacionalidad.

9. d) La dignidad de la persona, los derechos inviolables que le son inherentes, el libre desarrollo de su personalidad, el respeto a la ley y a los derechos de los demás.

10. b) El pluralismo político.

11. c) Monarquía parlamentaria.

12. b) Parte orgánica.

13. c) Reside en el pueblo español.

14. c) Limitado por la función social de la misma.

15. b) En el Título Preliminar.

16. a) Consensuada.

17. d) Todas las respuestas son correctas.

18. c) El Pleno lo preside el Presidente del Tribunal y, en su defecto, el Vicepresidente y, a falta de ambos, el Magistrado de mayor edad.

19. b) La presencia de dos miembros, salvo que haya discrepancia, requiriéndose entonces la de sus tres miembros.

20. a) Las sentencias y resoluciones del Tribunal Constitucional tendrán la consideración de títulos declarativos.

21. a) El Rey.

22. c) Dos.

23. b) Con más de quince años de ejercicio profesional.

24. b) Igualdad y progresividad.

25. c) 1977.

26. b) 6 de diciembre de 1978.

27. c) Congreso de los Diputados.

28. c) No pasa nada, salvo que, como consecuencia de esa actuación, se infrinja un artículo de la propia Constitución.

29. c) Seguridad jurídica.

30. c) Las respuestas a) y b) son correctas.

31. b) Puede aplicarse retroactivamente.

32. b) Derecho de usar y deber de conocerlo.

33. b) La villa de Madrid.

34. b) Décimo.

35. d) Primero y 4.º.

36. b) Cuarto.

37. b) Tercero del Primero.

38. a) Propia Constitución.

39. b) Valor superior del ordenamiento jurídico.

40. c) La Monarquía Parlamentaria.

41. b) Valor superior del anterior.

42. b) Cuando libremente renuncie a la misma.

43. a) Derechos inviolables inherentes a la persona.

44. b) En los actos oficiales.

45. d) Todos ellos.

46. b) Fuerzas Armadas.

47. b) Quinto.

48. c) El 29 de diciembre de 1978.

49. b) Aconfesional.

50. c) 15.

51. a) Ha quedado abolida.

52. a) Detención ilegal.

53. b) No dilatarse.

54. c) Puede efectuarse en todo momento.

55. b) Se necesitará autorización judicial para entrar, si no da su consentimiento para ello.

56. c) Sería inconstitucional.

57. b) Universal.

58. c) Secreto profesional.

59. c) Organizaciones Profesionales y la Administración Civil.

60. c) No declarar sobre hechos presuntamente delictivos.

61. a) Es libre.

62. a) No se admite.

63. b) Progresivo y generalizado.

64. b) Las Salas son dos, compuestas cada una por seis Magistrados.

65. a) Entidades constituidas para fines de interés general.

66. b) Es un deber de los padres.

67. a) Debe evitarse.

68. b) Investigación científica.

69. b) Negociación colectiva.

70. d) Lo están todos ellos.

71. b) Enseñanza.

72. c) Asistencia de Letrado.

73. b) Inviolabilidad del domicilio.

74. a) El 31 de octubre de 1978.

75. b) El establecimiento, como forma política del Estado, de la monarquía hereditaria.

76. c) De 169.

77. b) La solidaridad.

78. d) En ningún caso un español de origen podrá ser privado de su nacionalidad.

79. b) En el Título III.

80. c) El mismo día de la publicación de su texto oficial en el Boletín Oficial del Estado.

TEST N.º 2

**La Diputación Provincial. Organización y competencias.
La organización técnico administrativa de la Excma. Diputación Provincial
de Palencia. La elección de los Diputados Provinciales y del Presidente.
El Reglamento orgánico de la Diputación Provincial de Palencia**

1. Las Diputaciones Provinciales fueron abolidas por Fernando VII en:

a) 1812.
b) 1814.
c) 1823.
d) 1833.

2. El número de Provincias existentes en la actualidad, en España, es:

a) Cincuenta y dos.
b) Cincuenta.
c) Cincuenta y uno.
d) Cincuenta y dos más las Islas.

3. La personalidad jurídica de las Provincias se califica por la ley de:

a) Plena.
b) Propia.
c) Depende del Ente que las crea.
d) No la tienen.

4. La Provincia participa en la:

a) Cooperación de la Administración Estatal y Autonómica con la Local.
b) Colaboración de dichas Administraciones.
c) Coordinación de la Administración Local con la de la Comunidad Autónoma y la del Estado.
d) No tiene participación alguna.

5. Los habitantes de una Provincia reciben, por esta condición, el nombre de:

a) Vecinos.
b) Provincianos.
c) Residentes.
d) Ninguno.

6. Son fines propios y específicos de las Provincias:

a) Realizar los servicios de competencia municipal.
b) Coordinar la Administración Municipal con la Estatal y Autonómica.
c) Garantizar los principios de solidaridad y autonomía intermunicipales.
d) Garantizar el principio de equilibrio intermunicipal.

7. En cuanto a los servicios municipales, la Provincia:

a) Debe efectuar su prestación.
b) Basta con que asegure dicha prestación.
c) Los gestiona de común acuerdo con los Ayuntamientos.
d) Nada de lo anterior es cierto.

8. Son órganos necesarios de toda Diputación Provincial el:

a) Pleno, el Presidente y los Vicepresidentes.
b) Presidente, los Vicepresidentes en su caso, el Pleno y la Junta de Gobierno.
c) Pleno, el Presidente, los Vicepresidentes y la Junta de Gobierno en todo caso.
d) Pleno, el Presidente, los Vicepresidentes y la Junta de Gobierno cuando así lo apruebe el Pleno.

9. No es un órgano necesario en una Diputación el/la/los:

a) Comisión Especial de Cuentas.
b) Pleno.
c) Diputados Delegados.
d) Vicepresidentes.

10. Entre los órganos complementarios de las Diputaciones no se encuentran los/las:

a) Juntas Sectoriales.
b) Comisiones Informativas.
c) Comisión Especial de Cuentas.
d) Diputados Delegados.

11. Un Vicepresidente de una Diputación es un órgano:

a) Complementario.
b) Necesario.
c) Innecesario.
d) Nada de lo expuesto es cierto.

12. La asistencia y cooperación jurídica, económica y técnica por parte de las Diputaciones Provinciales debe dirigirse principalmente al/a los/las:

a) Comarcas constituidas en su territorio.
b) Municipios más conflictivos.
c) Municipios de menor capacidad económica y de gestión.
d) Ayuntamiento de la capital de la Provincia.

13. ¿Quién aprueba el Plan Provincial de Cooperación a las Obras y Servicios de competencia municipal?

a) El Presidente de la Diputación.
b) Los Alcaldes de los pueblos afectados.
c) La Comunidad Autónoma.
d) El Pleno de la Diputación.

14. Los Planes Provinciales de Cooperación a las Obras y Servicios de competencia municipal se sufragan con:

a) Medios exclusivos de la Diputación de que se trata.
b) Subvenciones de los Municipios interesados.
c) Aportaciones de los propios Municipios, medios de la Diputación y subvenciones de otras Administraciones Públicas.
d) Operaciones de crédito avaladas por el Estado y la Comunidad Autónoma.

15. Los Municipios afectados, en la elaboración de los Planes Provinciales de Cooperación a las Obras y Servicios de competencia municipal:

a) Deben participar.
b) Solo son informados de sus directrices.
c) Lo aprueban en Asamblea de sus respectivos Alcaldes.
d) No tienen nada que hacer.

16. En la tramitación de los procedimientos administrativos por los Ayuntamientos, las Diputaciones Provinciales:

a) Sustituyen a los mismos.
b) No puede intervenir.

c) Da soporte a los mismos, cuando aquellos se lo encomienden.
d) Nada de lo expuesto es cierto.

17. El Presidente de la Diputación deberá jurar o prometer el cargo:

a) Ante la Subdelegación del Gobierno.
b) Ante la Delegación del Gobierno.
c) Ante el Pleno de la misma.
d) Ante el Consejo de Diputaciones.

18. El mandato del Presidente de la Diputación será:

a) Por cinco años, pero puede ser destituido de su cargo mediante moción de censura o por la pérdida de una cuestión de confianza.
b) Por seis años, pero puede ser destituido de su cargo mediante moción de censura o por la pérdida de una cuestión de confianza.
c) Por cuatro años, pero puede ser destituido de su cargo mediante moción de censura o por la pérdida de una cuestión de confianza.
d) Por cuatro años, pero puede ser destituido de su cargo por votación de la mitad de los diputados provinciales.

19. No es una atribución del Presidente de la Diputación:

a) El planteamiento de conflictos de competencias a otras Entidades locales y demás Administraciones Públicas.
b) El ejercicio de las acciones judiciales y administrativas y la defensa de la Diputación en las materias de su competencia.
c) Representar a la Diputación.
d) Aprobar las bases de las pruebas para la selección del personal.

20. Corresponde al Presidente de la Diputación:

a) El ejercicio de las acciones judiciales y administrativas y la defensa en cualquier materia.
b) El despido del personal laboral.
c) La organización de la Diputación.
d) Ninguna respuesta es correcta.

21. El Presidente de la Diputación puede delegar el ejercicio de sus atribuciones, salvo:

a) El despido del personal laboral.
b) Concertar operaciones de crédito.
c) Aprobar la oferta de empleo público.
d) Las respuestas a) y b) son correctas.

22. Si una provincia tiene entre 500.001 a 1.000.000 residentes le corresponderá el siguiente número de Diputados:

a) 51.
b) 27.
c) 25.
d) 31.

23. Los Diputados se repartirán entre los Partidos Judiciales de la correspondiente Provincia, mediante el sistema de:

a) Asignar a cada Partido Judicial dos Diputados y distribuir los restantes proporcionalmente a la población de los mismos.
b) Asignar a cada Partido Judicial un Diputado y distribuir los restantes proporcionalmente a la población de los mismos.
c) Asignar a cada Partido Judicial diez Diputados y distribuir los restantes proporcionalmente a la población de los mismos.
d) Asignar a cada Partido Judicial dos Diputados y distribuir los restantes por el sistema de D'Hondt.

24. No corresponde al Pleno de la Diputación:

a) La aprobación de la plantilla de personal y la relación de puestos de trabajo.
b) La aprobación de los planes de carácter provincial.
c) Distribuir las retribuciones complementarias que no sean fijas y periódicas.
d) La declaración de lesividad de los actos de la Diputación.

25. Es una atribución de la Junta de Gobierno de la Diputación:

a) La asistencia al Pleno en el ejercicio de sus atribuciones.
b) La asistencia a las Comisiones Informativas en el ejercicio de sus atribuciones.
c) La asistencia al Presidente en el ejercicio de sus atribuciones.
d) Las atribuciones que el Pleno le delegue.

26. ¿Se puede perder la condición de Vicepresidente de la Diputación?

a) En ningún caso.
b) Sí, por renuncia expresa manifestada por escrito y por pérdida de la condición de miembro de la Junta de Gobierno.
c) Sí, por renuncia expresa manifestada oralmente y por pérdida de la condición de miembro de la Junta de Gobierno.
d) Sí, por renuncia expresa y por pérdida de la condición de miembro del Pleno.

27. Las Comisiones Informativas de las Diputaciones Provinciales:

a) Tienen por función el estudio, informe o resolución de los asuntos que hayan de ser sometidos a la decisión del Pleno.
b) Tienen por función el estudio, informe o consulta de los asuntos que hayan de ser sometidos a la decisión del Pleno.
c) Pueden ser generales y extinguirse automáticamente una vez que hayan dictaminado o informado sobre el asunto que constituye su objeto.
d) Pueden ser permanentes y se constituyen con carácter especial.

28. En relación con la Comisión Especial de Cuentas de la Diputación:

a) Le corresponde el examen y estudio e informe de todas las cuentas, presupuestarias y extrapresupuestarias, que deba aprobar el Pleno de la Corporación.
b) Su constitución, composición e integración y funcionamiento se ajusta a lo señalado para las demás Comisiones Informativas.
c) Le corresponde canalizar la participación de los ciudadanos y de sus asociaciones en materia de cuentas.
d) Las respuestas a) y b) son correctas.

29. La creación, composición, organización, ámbito de actuación y funcionamiento de los Consejos Sectoriales de las Diputaciones:

a) Serán establecidos en el correspondiente acuerdo plenario.
b) Serán establecidos en la correspondiente Resolución del Presidente.
c) Serán establecidos en el correspondiente acuerdo de la Junta de Gobierno.
d) Ninguna respuesta es correcta.

30. Los conflictos de atribuciones que surjan entre órganos y Entidades dependientes de una misma Corporación Local se resolverán:

a) No existen conflictos de atribuciones sino conflictos de jurisdicciones.
b) Los conflictos de atribuciones los resuelve el Estado.
c) Por el Pleno, cuando se trate de conflictos que afecten a órganos colegiados o miembros de estos.
d) No es posible que existan conflictos de atribuciones entre entidades dependientes de una misma Corporación.

31. En el caso de la cuestión de confianza, si esta se vincula a la aprobación de los Presupuestos anuales, se entenderá otorgada la confianza si en el plazo de un mes desde que se votó el rechazo de la cuestión de confianza:

a) Se aprueba por mayoría simple.
b) No se presenta una moción de censura con candidato alternativo a Presidente.
c) Se aprueba por mayoría absoluta.
d) Las respuestas a) y c) son correctas

32. Los órganos desconcentrados y descentralizados para la gestión de los servicios de las Provincias son creados por:

a) El Presidente de la Corporación.
b) El Pleno de la Corporación.
c) La Comisión de Cuentas.
d) La Junta de Gobierno.

33. La elección del Presidente de una Diputación Provincial se hará:

a) Entre los que encabecen las correspondientes listas en las elecciones locales.
b) Por mayoría absoluta en primera vuelta y simple en la segunda.
c) Por mayoría absoluta en primera vuelta y, en su defecto, el de la lista más votada.
d) Entre todos los concejales elegidos en los Municipios de la Provincia.

34. El Presidente de la Diputación Provincial de Barcelona es:

a) Excelentísimo.
b) Ilustrísimo.
c) Señoría.
d) No existe esta figura allí.

35. El mandato de un Presidente de Diputación Provincial dura normalmente:

a) Cuatro años.
b) Cinco años.
c) Dos años, siendo reelegible.
d) Nueve años.

36. Cuando se presente una moción de censura, el Pleno será presidido por una Mesa de edad integrada por:

a) Los concejales de mayor y menor edad de los presentes, excluidos el Alcalde y el candidato a la Alcaldía.
b) Los concejales de mayor edad, excluidos el Alcalde y el candidato a la Alcaldía.
c) Los concejales de menor edad de los presentes, incluidos el Alcalde y el candidato a la Alcaldía.
d) Los concejales de mayor y menor edad, excluidos el Alcalde pero no el candidato a la Alcaldía.

37. El Presidente de la Diputación no puede delegar la siguiente atribución:

a) Presidir la Junta de Gobierno.
b) Aprobar las bases de las pruebas de selección de los funcionarios.
c) Dirigir los servicios y obras de la Diputación.
d) Ninguna de las anteriores puede ser objeto de delegación.

38. La declaración de la excedencia forzosa de un funcionario de la Diputación es competencia del/de la:

a) Pleno de la misma.
b) Presidente.
c) Junta de Gobierno.
d) Junta de Personal.

39. El Presidente de la Diputación puede ejercer acciones judiciales:

a) En caso de urgencia solo.
b) Por delegación de la Junta de Gobierno.
c) En cualquier momento, respecto a las materias de su competencia.
d) Solo cuando afecten a la autonomía de la propia Diputación.

40. Asegurar la gestión de los servicios propios de la Comunidad Autónoma cuya gestión ordinaria esté encomendada a la Diputación es competencia del/de la:

a) Diputado-Delegado que corresponda.
b) Presidente de la Diputación.
c) Pleno de la Diputación.
d) Comunidad Autónoma.

41. Una Diputación de una Provincia con cuatro millones de habitantes tiene el siguiente número de Diputados:

a) Veintisiete.
b) Treinta y uno.
c) Cincuenta y uno.
d) Cincuenta y dos.

42. Las Diputaciones Provinciales de las Provincias con 700.000 habitantes cuentan con:

a) Veinticinco Diputados.
b) Treinta y un Diputados.
c) Cincuenta y un Diputados.
d) Veintisiete Diputados.

43. Los Diputados Provinciales se eligen:

a) Entre los Concejales de los Ayuntamientos de la Provincia.
b) Por los anteriores o los vecinos.
c) Por el Presidente de la Diputación.
d) Por la Junta Electoral de Zona.

44. Los Diputados se repartirán entre los:

a) Partidos políticos.
b) Grupos representados en la Diputación, según el número de Concejales que hayan obtenido en los distintos Municipios.
c) Partidos judiciales.
d) Municipios de la Provincia.

45. El Pleno de una Diputación no puede delegar la siguiente atribución:

a) Aprobación de los Planes de carácter provincial.
b) Organización de la Diputación.
c) Control de los órganos de gobierno.
d) No puede delegar ninguna de las anteriores.

46. La Junta de Gobierno ejerce competencias del Presidente:

a) Descentralizadas.
b) Delegadas.
c) Desconcentradas.
d) De ningún tipo.

47. El nombramiento de los Vicepresidentes de las Diputaciones corresponde al/a la:

a) Pleno de cada Entidad.
b) Presidente de cada Entidad.
c) Grupo Político mayoritario.
d) Junta de Gobierno.

48. El Pleno de una Diputación, respecto del nombramiento del Vicepresidente de la misma:

a) Lo confirma.
b) Toma nota.
c) No tiene nada que hacer.
d) Puede revocarlo.

49. Los Vicepresidentes, en cuanto a las delegaciones de competencias que hubiere otorgado el Presidente:

a) Pueden revocarlas en cualquier momento.
b) Solo las pueden revocar cuando lo sustituyan por causa de ausencia o enfermedad.
c) En el supuesto anterior, no pueden revocarlas.
d) Nada de lo expuesto es correcto.

50. Los Diputados Delegados son:

a) Órganos necesarios de las Diputaciones Provinciales.
b) Órganos complementarios de las mismas.
c) No existe esta figura.
d) Elegidos por el Pleno de la Corporación.

51. El Presidente nato de las Comisiones Informativas es el:

a) Presidente de la Diputación Provincial.
b) Subdelegado del Gobierno en la Provincia.
c) Diputado-Delegado encargado del Área a que dediquen su actuación.
d) Vicepresidente de la Diputación, por delegación del Presidente.

52. En la organización provincial, los órganos que se constituyen, con participación ciudadana, para hacer un seguimiento de cuestiones de especial interés para la colectividad son los/las:

a) Comisiones Informativas.
b) Juntas de Distrito.
c) Asambleas Vecinales.
d) Consejos Sectoriales.

53. En la organización provincial, los órganos que se constituyen inexorablemente para preparar y dictaminar los asuntos que se sometan al Pleno de la Diputación, son los/las:

a) Comisiones Informativas.
b) Órganos desconcentrados.
c) Consejos Sectoriales.
d) Órganos delegados.

54. Los conflictos de atribuciones que surjan entre dos Diputados Delegados se resuelven por:

a) Pleno de la Diputación.
b) Presidente de la misma.
c) Tribunal Superior de Justicia pertinente.
d) Pleno de los Ayuntamientos de donde procedan.

55. La Junta de Gobierno se integra por el Presidente y un número de Diputados:

a) Inferior a 32.
b) No superior a la mitad del número de los mismos.
c) No superior al tercio del número legal de los mismos.
d) No superior a 21.

56. ¿Hasta qué número de residentes, las Diputaciones, contarán con 25 Diputados Provinciales?

a) Hasta 500.000.
b) Hasta 500.001.
c) Hasta 750.000.
d) Hasta 750.001.

57. ¿Quién elige a los Diputados Provinciales?

a) Los Alcaldes de todos los Ayuntamientos del Partido Judicial.
b) Los vecinos de la Provincia mediante sufragio.
c) Los Concejales electos de todos los Ayuntamientos del Partido Judicial.
d) El Presidente de la Diputación Provincial.

58. ¿A quién corresponde el ejercicio de acciones administrativas y la defensa de la Corporación Provincial en materias de competencia plenaria?

a) Al Presidente de la Diputación.
b) Al Pleno de la Diputación Provincial.
c) A la Junta de Gobierno de la Diputación.
d) Al Vicepresidente Primero de la Diputación.

59. El Reglamento orgánico de la Diputación Provincial de Palencia fue aprobado el:

a) 2017.
b) 2018.
c) 2020.
d) 2021.

60. El Reglamento cuenta con más de:

a) 100 artículos.
b) 110 artículos.
c) 150 artículos.
d) 200 artículos.

61. Las sesiones de los órganos colegiados se celebrarán en:

a) El Palacio Provincial.
b) Los Ministerios.
c) El Parlamento.
d) El Senado.

62. Los acuerdos se adoptarán, como regla general :

a) Por mayoría simple de los miembros presentes.
b) Por mayoría simple del total de los miembros.
c) Por mayoría cualificada de los miembros presentes.
d) Por mayoría cualificada del total de los miembros.

63. El Pleno celebrará sesión ordinaria, como mínimo:

a) Cada semana.
b) Cada mes.
c) Cada semestre.
d) Cada año.

64. Ningún diputado podrá solicitar:

a) Más de una sesión extraordinarias anualmente.
b) Más de dos sesiones extraordinarias anualmente.
c) Más de tres sesiones extraordinarias anualmente.
d) Más de cinco sesiones extraordinarias anualmente.

65. La celebración de la sesión extraordinaria a instancia de miembros de la Corporación deberá producirse:

a) Dentro de los siete días hábiles desde que fuera solicitada, no pudiendo incorporarse los asuntos al orden del día de un Pleno ordinario o de otro extraordinario con más asuntos, si no lo autorizan los solicitantes de la convocatoria.
b) Dentro de los quince días hábiles desde que fuera solicitada, no pudiendo incorporarse los asuntos al orden del día de un Pleno ordinario o de otro extraordinario con más asuntos, si no lo autorizan los solicitantes de la convocatoria.
c) Dentro de los treinta días hábiles desde que fuera solicitada, no pudiendo incorporarse los asuntos al orden del día de un Pleno ordinario o de otro extraordinario con más asuntos, si no lo autorizan los solicitantes de la convocatoria.
d) Dentro de los sesenta días hábiles desde que fuera solicitada, no pudiendo incorporarse los asuntos al orden del día de un Pleno ordinario o de otro extraordinario con más asuntos, si no lo autorizan los solicitantes de la convocatoria.

66. Si la Presidencia no convocara el Pleno extraordinario solicitado por el número de diputados indicado dentro del plazo señalado, quedará automáticamente convocado para:

a) El tercer día hábil siguiente al de la finalización de dicho plazo, a las doce horas, lo que será notificado por el Secretario General a todos los miembros del mismo al día siguiente de la finalización del plazo.

b) El quinto día hábil siguiente al de la finalización de dicho plazo, a las doce horas, lo que será notificado por el Secretario General a todos los miembros del mismo al día siguiente de la finalización del plazo.

c) El décimo día hábil siguiente al de la finalización de dicho plazo, a las doce horas, lo que será notificado por el Secretario General a todos los miembros del mismo al día siguiente de la finalización del plazo.

d) El quinceavo día hábil siguiente al de la finalización de dicho plazo, a las doce horas, lo que será notificado por el Secretario General a todos los miembros del mismo al día siguiente de la finalización del plazo.

67. Le corresponde convocar todas las sesiones del Pleno:

a) A la Presidencia.
b) Al miembro más antiguo.
c) Al miembro más joven.
d) Al miembro de mayor edad.

68. Entre la convocatoria y la celebración de la sesión no podrán transcurrir:

a) Menos de dos días hábiles, salvo en el caso de las sesiones extraordinarias y urgentes.
b) Menos de cinco días hábiles, salvo en el caso de las sesiones extraordinarias y urgentes.
c) Menos de diez días hábiles, salvo en el caso de las sesiones extraordinarias y urgentes.
d) Menos de quince días hábiles, salvo en el caso de las sesiones extraordinarias y urgentes.

69. Podrán presentar proposiciones, que con carácter general no excederán de tres por grupo y sesión, hasta dos días antes del señalado para efectuar la convocatoria del Pleno:

a) Un diputado.
b) Un mínimo de dos diputados.
c) Un mínimo de 3 diputados.
d) Un mínimo de 5 diputados.

70. Los acuerdos adoptados en sesiones extraordinarias sobre asuntos no comprendidos en el orden del día de la convocatoria, así como los que se adopten en sesiones ordinarias sobre materias no incluidas en el respectivo orden del día, salvo especial y previa declaración de urgencia, con el quórum de la mayoría absoluta son:

a) Nulos.
b) Anulables.
c) Revocables.
d) Rescindibles.

71. Se excluyen de la posibilidad de participación a distancia en:

a) El Pleno de constitución de la Corporación Provincial.
b) La elección de Presidente de la Diputación.
c) La moción de censura.
d) Todas las respuestas anteriores son correctas.

72. El Presidente podrá retirar un asunto de los incluidos en el orden del día:

a) Cuando su aprobación exigiera una mayoría especial y ésta no pudiera obtenerse previsiblemente durante el transcurso de la sesión.
b) A propuesta del Presidente de la Comisión respectiva, firmante del dictamen.
c) A propuesta del firmante de una proposición o moción.
d) Todas las respuestas anteriores son correctas.

73. Es el concepto genérico que se utiliza para designar cualquier asunto sometido a la aprobación de la Corporación:

a) Propuesta.
b) Resolución.
c) Proyecto.
d) Línea.

74. Es la propuesta de acuerdo sometida al Pleno tras el estudio del expediente por la correspondiente Comisión Informativa. Contiene una parte expositiva y un acuerdo a adoptar:

a) Resolución.
b) Decisión.
c) Dictamen.
d) Participación.

75. Es la propuesta de acuerdo que se somete directamente a conocimiento del Pleno, por razón de urgencia, en relación con algún asunto no incluido en el orden del día, según lo dispuesto en el artículo siguiente. Habrá de formularse por escrito:

a) Moción.
b) Decisión.
c) Resolución.
d) Cuestión.

76. Es un proyecto de modificación de un dictamen, proposición o moción, presentado por cualquier diputado antes del inicio de la sesión:

a) Enmienda.
b) Ley.

c) Anteproyecto.
d) Propuesta de ley.

77. El voto de los diputados es:

a) Individual y delegable.
b) Personal e indelegable.
c) Delegable y personal.
d) Colectivo y delegable.

78. El control y fiscalización por el Pleno de la actuación de los demás órganos de gobierno se ejercerá a través de:

a) La moción de censura al Presidente.
b) La cuestión de confianza.
c) Las mociones, ruegos y preguntas en los términos previstos en el Reglamento.
d) Todas las respuestas anteriores son correctas.

Solución al test n.º 2

1. b) 1814.

2. b) Cincuenta.

3. b) Propia.

4. c) Coordinación de la Administración Local con la de la Comunidad Autónoma y la del Estado.

5. d) Ninguno.

6. d) Garantizar el principio de equilibrio intermunicipal.

7. b) Basta con que asegure dicha prestación.

8. c) Pleno, el Presidente, los Vicepresidentes y la Junta de Gobierno en todo caso.

9. c) Diputados Delegados.

10. a) Juntas Sectoriales.

11. b) Necesario.

12. c) Municipios de menor capacidad económica y de gestión.

13. d) El Pleno de la Diputación.

14. c) Aportaciones de los propios Municipios, medios de la Diputación y subvenciones de otras Administraciones Públicas.

15. a) Deben participar.

16. c) Da soporte a los mismos, cuando aquellos se lo encomienden.

17. c) Ante el Pleno de la misma.

18. c) Por cuatro años, pero puede ser destituido de su cargo mediante moción de censura o por la pérdida de una cuestión de confianza.

19. a) El planteamiento de conflictos de competencias a otras Entidades locales y demás Administraciones Públicas.

20. b) El despido del personal laboral.

21. d) Las respuestas a) y b) son correctas.

22. b) 27.

23. b) Asignar a cada Partido Judicial un Diputado y distribuir los restantes proporcionalmente a la población de los mismos.

24. c) Distribuir las retribuciones complementarias que no sean fijas y periódicas.

25. c) La asistencia al Presidente en el ejercicio de sus atribuciones.

26. b) Sí, por renuncia expresa manifestada por escrito y por pérdida de la condición de miembro de la Junta de Gobierno.

27. b) Tienen por función el estudio, informe o consulta de los asuntos que hayan de ser sometidos a la decisión del Pleno.

28. d) Las respuestas a) y b) son correctas.

29. a) Serán establecidos en el correspondiente acuerdo plenario.

30. c) Por el Pleno, cuando se trate de conflictos que afecten a órganos colegiados o miembros de estos.

31. b) No se presenta una moción de censura con candidato alternativo a Presidente.

32. b) El Pleno de la Corporación.

33. b) Por mayoría absoluta en primera vuelta y simple en la segunda.

34. a) Excelentísimo.

35. a) Cuatro años.

36. a) Los concejales de mayor y menor edad de los presentes, excluidos el Alcalde y el candidato a la Alcaldía.

37. a) Presidir la Junta de Gobierno.

38. b) Presidente.

39. c) En cualquier momento, respecto a las materias de su competencia.

40. b) Presidente de la Diputación.

41. c) Cincuenta y uno.

42. d) Veintisiete Diputados.

43. a) Entre los Concejales de los Ayuntamientos de la Provincia.

44. c) Partidos judiciales.

45. d) No puede delegar ninguna de las anteriores.

46. b) Delegadas.

47. b) Presidente de cada Entidad.

48. b) Toma nota.

49. c) En el supuesto anterior, no pueden revocarlas.

50. b) Órganos complementarios de las mismas.

51. a) Presidente de la Diputación Provincial.

52. d) Consejos Sectoriales.

53. a) Comisiones Informativas.

54. b) Presidente de la misma.

55. c) No superior al tercio del número legal de los mismos.

56. a) Hasta 500.000.

57. c) Los Concejales electos de todos los Ayuntamientos del Partido Judicial.

58. b) Al Pleno de la Diputación Provincial.

59. b) 2018.

60. a) 100 artículos.

61. a) El Palacio Provincial.

62. a) Por mayoría simple de los miembros presentes.

63. b) Cada mes.

64. c) Más de tres sesiones extraordinarias anualmente.

65. b) Dentro de los quince días hábiles desde que fuera solicitada, no pudiendo incorporarse los asuntos al orden del día de un Pleno ordinario o de otro extraordinario con más asuntos, si no lo autorizan los solicitantes de la convocatoria.

66. c) El décimo día hábil siguiente al de la finalización de dicho plazo, a las doce horas, lo que será notificado por el Secretario General a todos los miembros del mismo al día siguiente de la finalización del plazo.

67. a) A la Presidencia.

68 a) Menos de dos días hábiles, salvo en el caso de las sesiones extraordinarias y urgentes.

69. b) Un mínimo de dos diputados.

70. a) Nulos.

71. d) Todas las respuestas anteriores son correctas.

72. d) Todas las respuestas anteriores son correctas.

73. a) Propuesta.

74. c) Dictamen.

75. a) Moción.

76. a) Enmienda.

77. b) Personal e indelegable.

78. d) Todas las respuestas anteriores son correctas.

TEST N.º 3

El personal al servicio de las Administraciones Públicas: clases de empleados públicos. Derechos y deberes de los empleados públicos. Código de conducta. El personal al servicio de las Corporaciones Locales: clases y régimen jurídico

1. El empleo en el sector público se caracteriza por estar configurado por un modelo:

a) Unitario de personal funcionario.
b) Unitario de personal estatutario.
c) Dual de regímenes jurídicos, personal funcionario y personal laboral.
d) De tres regímenes jurídicos, personal funcionario, personal laboral y personal de designación.

2. El EBEP contiene:

a) Aquello que es común al conjunto de los empleados públicos de todas las Administraciones Públicas.
b) Las normas legales específicas aplicables a los empleados públicos de todas las Administraciones Públicas.
c) Aquello que es común al conjunto de los funcionarios de todas las Administraciones Públicas, más las normas legales específicas aplicables al personal laboral a su servicio.
d) Aquello que es común al conjunto del personal laboral de todas las Administraciones Públicas, más las normas legales específicas aplicables al personal funcionario a su servicio.

3. Según su artículo 1.1, es objeto del EBEP establecer las .... del régimen estatutario de los funcionarios públicos incluidos en su ámbito de aplicación. Señalar la palabra que falta en la anterior frase:

a) Peculiaridades.
b) Especialidades.
c) Excepciones.
d) Bases.

4. El vigente Estatuto Básico del Empleado Público tiene por objeto:

a) Establecer las bases del personal laboral incluido en su ámbito de aplicación y determinar las normas aplicables al personal funcionario al servicio de las Administraciones Públicas.

b) Establecer las bases del régimen estatutario de los funcionarios públicos y del personal laboral incluidos en su ámbito de aplicación y determinar las normas que les son aplicables.

c) Establecer las normas aplicables al personal funcionario y laboral al servicio de las Administraciones Públicas.

d) Establecer las bases del régimen estatutario de los funcionarios públicos incluidos en su ámbito de aplicación y determinar las normas aplicables al personal laboral al servicio de las Administraciones Públicas.

5. Se regirá por la legislación específica dictada por el Estado y por las comunidades autónomas en el ámbito de sus respectivas competencias y por lo previsto en el EBEP, excepto el capítulo II del título III (salvo el artículo 20), y los artículos 22.3, 24 y 84:

a) El personal funcionario de las Universidades Públicas.

b) El personal funcionario y en lo que proceda el personal laboral al servicio de las Administraciones de las entidades locales.

c) El personal estatutario de los servicios de salud.

d) El personal funcionario y laboral al servicio de las Administraciones de las comunidades autónomas.

6. Para todo el personal de las Administraciones Públicas no incluido en su ámbito de aplicación, el EBEP tendrá carácter:

a) Consultivo.
b) Voluntario.
c) Supletorio.
d) Interpretativo.

7. Las disposiciones del EBEP sólo se aplicarán directamente cuando así lo disponga su legislación específica al siguiente personal:

a) El personal funcionario de las entidades locales.
b) El personal estatutario de los Servicios de Salud.
c) Personal de las Fuerzas y Cuerpos de Seguridad.
d) El personal docente.

8. El Texto Refundido del Estatuto Básico del Empleado Público se aplicará directamente, sin necesidad de que lo disponga su legislación específica, al siguiente personal:

a) Personal funcionario de las Cortes Generales.
b) Personal del Centro Nacional de Inteligencia.

c) Personal de las Universidades Públicas.

d) Personal funcionario de las Asambleas Legislativas de las Comunidades Autónomas.

9. Es un principio de actuación del EBEP:

a) La jerarquía en la atribución, ordenación y desempeño de las funciones y tareas.

b) La negociación en la atribución, ordenación y desempeño de las funciones y tareas.

c) La participación en la atribución, ordenación y desempeño de las funciones y tareas.

d) La promoción en la atribución, ordenación y desempeño de las funciones y tareas.

10. Corresponden en exclusiva a los funcionarios públicos, en los términos que en la ley de desarrollo de cada Administración Pública se establezca, el ejercicio de las funciones que impliquen la participación directa o indirecta:

a) En el archivo y documentación de información administrativa.

b) En tareas administrativas.

c) En el ejercicio de las potestades públicas.

d) En las tareas directivas.

11. Los funcionarios de carrera son aquellos quienes, en virtud de nombramiento legal, están vinculados a una Administración Pública por una relación estatutaria regulada por:

a) El Derecho Laboral.

b) El Derecho Administrativo.

c) El Derecho Civil.

d) El Derecho Constitucional.

12. Las leyes de Función Pública que se dicten en desarrollo del EBEP podrán prever el nombramiento de personal interino para la ejecución de programas de carácter temporal con una duración de hasta:

a) 2 años.

b) 3 años.

c) 4 años.

d) 5 años.

13. Pueden nombrarse funcionarios interinos para la ejecución de programas de carácter temporal, que no podrán tener una duración:

a) Inferior a 12 meses ni superior a 3 años.

b) Inferior a 3 años.

c) Superior a 3 años, ampliables hasta 12 meses más por las leyes de Función Pública que se dicten en desarrollo del EBEP.

d) Superior a 12 meses, prorrogables hasta 3 meses más.

14. Los funcionarios interinos serán nombrados por razones expresamente justificadas de necesidad y:

a) Economía.
b) Eficacia.
c) Urgencia.
d) Calidad.

15. El personal laboral al servicio de las Administraciones Públicas NO puede desempeñar puestos:

a) Correspondientes a áreas de actividades que requieran conocimientos técnicos especializados.
b) En el extranjero con funciones administrativas de trámite y colaboración y auxiliares, aunque comporten manejo de máquinas, archivo y similares.
c) Cuyas actividades sean propias de oficios.
d) Que impliquen la participación directa o indirecta en la salvaguardia de los intereses generales del Estado y de las Administraciones Públicas.

16. El número de puestos cubiertos por personal eventual:

a) Es indefinido e ilimitado.
b) Está limitado por un máximo establecido por los respectivos órganos de gobierno.
c) Está limitado a tres por cada órgano superior de la Administración Pública.
d) No puede hacerse público, puesto que se trata de personal de confianza.

17. Es personal eventual el que, en virtud de nombramiento y con carácter no permanente, solo realiza funciones expresamente calificadas como de confianza o:

a) Reservadas.
b) Seguridad.
c) De asesoramiento especial.
d) De asesoramiento general.

18. La condición de personal eventual:

a) Constituye mérito para el acceso a la Función Pública y para la promoción interna.
b) Constituye mérito para el acceso a la Función Pública pero no para la promoción interna.
c) No constituye mérito para el acceso a la Función Pública pero sí para la promoción interna.
d) No podrá constituir mérito para el acceso a la Función Pública o para la promoción interna.

19. En relación al personal directivo, el EBEP establece que:

a) Su designación atenderá a principios de mérito y capacidad.
b) Su designación atenderá a criterios de eficacia y eficiencia.

c) La determinación de sus condiciones de empleo serán objeto de negociación colectiva.

d) Cuando el personal directivo reúna la condición de funcionario estará sometido a la relación laboral de carácter especial de alta dirección.

20. La designación del personal directivo de las Administraciones Públicas se llevará a cabo mediante procedimientos que garanticen:

a) La publicidad y concurrencia.
b) La idoneidad.
c) El mérito y la capacidad.
d) El control de resultados.

21. A tenor del artículo 14 del EBEP los empleados públicos tienen derecho:

a) A la inamovilidad en la condición de funcionario de carrera.
b) A la formación continua y a la actualización permanente de sus conocimientos y capacidades profesionales, preferentemente fuera del horario laboral.
c) A la libertad de expresión, sin restricción alguna.
d) A participar en la consecución de los objetivos atribuidos a la unidad donde preste sus servicios y a ser consultado por sus superiores por las tareas a desarrollar.

22. Los empleados públicos tienen derecho a la libertad de expresión:

a) En los términos que establezca una ley.
b) En los términos que se establezcan reglamentariamente.
c) A través de sus representantes sindicales.
d) Dentro de los límites del ordenamiento jurídico.

23. El conjunto ordenado de oportunidades de ascenso y expectativas de progreso profesional conforme a los principios de igualdad, mérito y capacidad, se denomina:

a) Evaluación del desempeño.
b) Promoción profesional.
c) Promoción interna.
d) Carrera profesional.

24. Para tener derecho a la promoción interna, los funcionarios deberán tener una antigüedad de servicio activo en el inferior subgrupo o grupo de clasificación profesional, de al menos:

a) Dos años.
b) Tres años.
c) Cuatro años.
d) Cinco años.

25. El procedimiento mediante el cual se mide y valora la conducta profesional y el rendimiento o el logro de resultados de los empleados públicos, se denomina:

a) Carrera horizontal.
b) Evaluación del desempeño.
c) Concurso de méritos.
d) Mapa de competencias.

26. ¿A qué dos principios ha de atender la designación del personal directivo profesional de las Administraciones Públicas?

a) Publicidad y concurrencia.
b) Legalidad e igualdad.
c) Capacidad y mérito.
d) Idoneidad y transparencia.

27. Para el acceso a los cuerpos o escalas del Grupo B se exigirá estar en posesión del:

a) Título de Técnico Superior.
b) Título de Bachiller.
c) Título de Técnico.
d) Título universitario de Grado.

28. Indica una de las notas características de los funcionarios de carrera:

a) Desempeño de servicios de carácter permanente.
b) Nombramiento legal, hecho por Autoridad competente.
c) Los puestos de trabajo que desempeñan han de figurar en la Plantilla orgánica y en el Registro de Personal.
d) Todas las respuestas son correctas.

29. ¿Cómo se denomina al personal que, en virtud de nombramiento y con carácter no permanente, solo realiza funciones expresamente calificadas como de confianza o asesoramiento especial, siendo retribuido con cargo a los créditos presupuestarios consignados para este fin?

a) Personal Laboral.
b) Personal Eventual.
c) Funcionarios interinos.
d) Funcionarios de carrera.

30. Señala la respuesta incorrecta respecto al personal eventual:

a) Su nombramiento y cese serán libres.
b) La condición de personal eventual podrá constituir mérito para el acceso a la Función Pública.

c) Su cese tendrá lugar, en todo caso, cuando se produzca el de la autoridad a la que se preste la función de confianza o asesoramiento.

d) Le será aplicable, en lo que sea adecuado a la naturaleza de su condición, el régimen general de los funcionarios de carrera.

31. Los titulares de la Secretaría-Intervención ejercerán sus funciones en las Secretarías de clase tercera, es decir, de Ayuntamientos de Municipios:

a) Con población inferior a 5.001 habitantes y cuyo Presupuesto no exceda de 3.010.060 euros.

b) Con población inferior a 3.001 habitantes y cuyo Presupuesto no exceda de 2.999.000 euros.

c) Con población inferior a 2.501 habitantes y cuyo Presupuesto no exceda de 1.500.060 euros.

d) Con población inferior a 1.00 habitantes y cuyo Presupuesto no exceda de 1.010.060 euros.

32. ¿A qué Subescala pertenecen los funcionarios que realicen tareas administrativas, normalmente de trámite y colaboración?

a) A la Subescala Técnica de Administración General.
b) A la Subescala de Gestión de Administración General.
c) A la Subescala Administrativa de Administración General.
d) A la Subescala Auxiliar de Administración General.

33. ¿A qué Subescala pertenecen los funcionarios que realicen tareas de mecanografía y taquigrafía?

a) A la Subescala Técnica de Administración General.
b) A la Subescala de Gestión de Administración General.
c) A la Subescala Administrativa de Administración General.
d) A la Subescala Auxiliar de Administración General.

34. Señala la respuesta incorrecta respecto al régimen jurídico del personal laboral:

a) La Jurisdicción competente en esta materia es la Contencioso-Administrativa.

b) Dentro de este personal, por razón de la fijeza de su vinculación a la Entidad de que se trate, se distingue entre los contratados indefinidamente y los contratados temporalmente.

c) La selección de este personal se hará por concurso, concurso-oposición u oposición libre.

d) La contratación de este personal corresponde al Alcalde o al Presidente de la Diputación Provincial, a quien compete, también, la asignación del mismo a los distintos puestos de trabajo de carácter laboral previstos en las Relaciones de Puestos de Trabajo aprobadas por la Corporación, de acuerdo con la legislación laboral.

35. Los Ayuntamientos de Municipios con población superior a 50.000 y no superior a 75.000 habitantes podrán incluir en sus plantillas puestos de trabajo de personal eventual por un número que no podrá exceder de:

a) Uno.
b) Dos.
c) Siete.
d) La mitad de concejales de la Corporación local.

36. ¿Con qué frecuencia publicarán las Corporaciones locales en su sede electrónica y en el Boletín Oficial de la Provincia o, en su caso, de la Comunidad Autónoma uniprovincial el número de los puestos de trabajo reservados a personal eventual?

a) Cada cinco años.
b) Cada dos años.
c) Anualmente.
d) Semestralmente.

37. No se rigen por el Derecho Administrativo el/los:

a) Funcionarios.
b) Laborales.
c) Personal Eventual.
d) Interinos.

38. Los puestos de confianza o asesoramiento especial se suelen reservar al/a los:

a) Políticos.
b) Personal Eventual.
c) Personal Laboral.
d) Funcionarios.

39. Los interinos ocupan provisionalmente puestos que pueden ser desempeñados por:

a) Contratados temporales.
b) Personal eventual.
c) Funcionarios.
d) Personal Laboral.

40. La titulación exigible para ser funcionario del grupo B según el Real Decreto Legislativo 5/2015, de 30 de octubre, por el que se aprueba el texto refundido de la Ley del Estatuto Básico del Empleado Público, es:

a) Título de Bachiller o Técnico.
b) Título de Graduado en Educación Secundaria Obligatoria.

c) Título de Técnico Superior.
d) Título de ESO.

41. La titulación exigible para ser funcionario del grupo C1, según el Real Decreto Legislativo 5/2015, de 30 de octubre, por el que se aprueba el texto refundido de la Ley del Estatuto Básico del Empleado Público, es:

a) Título de Bachiller o Técnico.
b) Título de Graduado en Educación Secundaria Obligatoria.
c) Título de Técnico Superior.
d) Título de ESO.

42. Siguiendo las nuevas titulaciones, se exigirá título de Graduado en Educación Secundaria Obligatoria para pertenecer al Subgrupo:

a) A1.
b) B2.
c) C1.
d) C2.

43. El Texto Refundido de la Ley del Estatuto Básico del Empleado Público se aprobó por:

a) Real Decreto Legislativo 12/2007, de 13 de marzo.
b) Real Decreto Legislativo 5/2012, de 13 de mayo.
c) Real Decreto Legislativo 5/2015, de 30 de octubre.
d) Real Decreto Legislativo 3/2015, de 14 de abril.

44. ¿Cuál es la norma vigente por la que se regula el régimen jurídico de los funcionarios de Administración Local con habilitación de carácter nacional?

a) La Ley 5/2008, de 29 de octubre.
b) El Real Decreto 1174/1987, de 18 de septiembre.
c) El Real Decreto 128/2018, de 16 de marzo.
d) La Ley 34/2016, de 3 de abril.

45. ¿En qué clase se encuadrarían las Secretarías de Ayuntamientos de municipios cuyas poblaciones están comprendidas entre 5.001 y 20.000 habitantes?

a) Clase primera.
b) Clase segunda.
c) Clase tercera.
d) Clase cuarta.

46. Como regla general, en las Entidades Locales cuya Secretaría esté clasificada en clase tercera, las funciones propias de la Intervención:

a) No se llevarán a cabo dichas funciones, que las desempeñará el Interventor de la Diputación Provincial respectivo.
b) Existirán dos puestos de trabajo denominados Intervención Municipal.
c) Existirá un puesto de trabajo denominado Intervención.
d) Formarán parte del contenido del puesto de trabajo de Secretaría.

47. No puede ser Técnico de Administración General un Licenciado en:

a) Sociología.
b) Ciencias Políticas.
c) Derecho.
d) Ciencias Empresariales.

48. Pertenece a la Subescala de Servicios Especiales un:

a) Ingeniero Industrial al servicio de una Corporación Local.
b) Técnico de Administración General.
c) Suboficial del Servicio de Extinción de Incendios.
d) Contratado laboralmente.

49. Dentro del Personal de Oficios el escalón inferior lo ocupan los:

a) Ayudantes.
b) Peones.
c) Operarios.
d) Oficiales.

50. El número de Personal Eventual que haya de existir en un Municipio de régimen común se fija por el/la:

a) Pleno.
b) Alcalde o Presidente.
c) Comunidad Autónoma respectiva.
d) Junta de Gobierno Local.

51. Respecto del Personal Eventual, ha de publicarse en el Boletín Oficial de la Provincia:

a) Las sanciones que se le impongan.
b) El nombramiento y cese.
c) La concesión de menciones honoríficas.
d) Ninguna de las respuestas anteriores es correcta.

52. Tiene especial trascendencia en la regulación de las relaciones laborales del Personal Laboral el/la:

a) Texto Refundido de la Ley del Estatuto de los Trabajadores.
b) Legislación general de funcionarios.
c) Convenio Colectivo propio.
d) Las respuestas a) y c) son correctas.

53. Un Decreto de un Presidente de una Diputación Provincial despidiendo a un laboral al servicio de la misma:

a) Es nulo de pleno derecho al dictarse por órgano manifiestamente incompetente.
b) Basta para que se lleve a cabo dicho despido.
c) Debe ser ratificado por el Pleno de la Corporación.
d) Ha de confirmarse ante el correspondiente Juzgado de lo Social.

54. La no concurrencia con la actividad de la empresa, respecto de este Personal Laboral:

a) Es un derecho del mismo.
b) Significa que pueden trabajar en la esfera privada, haciendo la competencia a la propia Corporación.
c) Le impide desempeñar cualquier tipo de trabajo fuera de la Corporación.
d) Es un deber del mismo, por el cual no puede hacerle la competencia a la Corporación.

55. Entre las categorías del Personal del Servicio de Extinción de Incendios previstas por la disposición transitoria quinta del *Real Decreto Legislativo 781/1986, de 18 de abril, por el que se aprueba el Texto Refundido de las disposiciones legales vigentes en materia de Régimen Local*, no figuraba la siguiente:

a) Oficiales.
b) Ayudantes.
c) Cabos.
d) Sargentos.

Solución al test n.º 3

1. c) Dual de regímenes jurídicos, personal funcionario y personal laboral.

2. c) Aquello que es común al conjunto de los funcionarios de todas las Administraciones Públicas, más las normas legales específicas aplicables al personal laboral a su servicio.

3. d) Bases.

4. d) Establecer las bases del régimen estatutario de los funcionarios públicos incluidos en su ámbito de aplicación y determinar las normas aplicables al personal laboral al servicio de las Administraciones Públicas.

5. c) El personal estatutario de los servicios de salud.

6. c) Supletorio.

7. c) Personal de las Fuerzas y Cuerpos de Seguridad.

8. c) Personal de las Universidades Públicas.

9. a) La jerarquía en la atribución, ordenación y desempeño de las funciones y tareas.

10. c) En el ejercicio de las potestades públicas.

11. b) El Derecho Administrativo.

12. c) 4 años.

13. c) Superior a 3 años, ampliables hasta 12 meses más por las leyes de Función Pública que se dicten en desarrollo del EBEP.

14. c) Urgencia.

15. d) Que impliquen la participación directa o indirecta en la salvaguardia de los intereses generales del Estado y de las Administraciones Públicas.

16. b) Está limitado por un máximo establecido por los respectivos órganos de gobierno.

17. c) De asesoramiento especial.

18. d) No podrá constituir mérito para el acceso a la Función Pública o para la promoción interna.

19. a) Su designación atenderá a principios de mérito y capacidad.

20. a) La publicidad y concurrencia.

21. a) A la inamovilidad en la condición de funcionario de carrera.

22. d) Dentro de los límites del ordenamiento jurídico.

23. d) Carrera profesional.

24. a) Dos años.

25. b) Evaluación del desempeño.

26. c) Capacidad y mérito.

27. a) Título de Técnico Superior.

28. d) Todas las respuestas son correctas.

29. b) Personal Eventual.

30. b) La condición de personal eventual podrá constituir mérito para el acceso a la Función Pública.

31. a) Con población inferior a 5.001 habitantes. cuyo Presupuesto no exceda de 3.010.060 euros.

32. c) A la Subescala Administrativa de Administración General.

33. d) A la Subescala Auxiliar de Administración General.

34. a) La Jurisdicción competente en esta materia es la Contencioso-Administrativa.

35. d) La mitad de concejales de la Corporación local.

36. d) Semestralmente.

37. b) Laborales.

38. b) Personal Eventual.

39. c) Funcionarios.

40. c) Título de Técnico Superior.

41. a) Título de Bachiller o Técnico.

42. d) C2.

43. c) Real Decreto Legislativo 5/2015, de 30 de octubre.

44. c) El Real Decreto 128/2018, de 16 de marzo.

45. b) Clase segunda.

46. d) Formarán parte del contenido del puesto de trabajo de Secretaría.

47. a) Sociología.

48. c) Suboficial del Servicio de Extinción de Incendios.

49. c) Operarios.

50. a) Pleno.

51. d) Ninguna de las respuestas anteriores es correcta.

52. d) Las respuestas a) y c) son correctas.

53. b) Basta para que se lleve a cabo dicho despido.

54. d) Es un deber del mismo, por el cual no puede hacerle la competencia a la Corporación.

55. b) Ayudantes.

TEST N.º 4

La Ley Orgánica 3/2007, de 22 de marzo, para la Igualdad Efectiva de Mujeres y Hombres. Título Preliminar: Objeto y ámbito de la ley. Título I: El principio de igualdad y la tutela contra la discriminación. Título II: Políticas públicas para la igualdad. Título IV: El derecho al trabajo en igualdad de oportunidades

1. El objeto y el ámbito de aplicación de la Ley para la Igualdad efectiva entre Mujeres y Hombres, vienen recogidos en su:

a) Disposición Final Primera.
b) Disposición Adicional Primera.
c) Título Primero.
d) Título Preliminar.

2. Según su artículo 1, la LO 3/2007 tiene por objeto hacer efectivo el derecho de:

a) Conciliación de la vida laboral y familiar de mujeres y hombres.
b) Igualdad de trato y de oportunidades entre mujeres y hombres.
c) Participación en los asuntos públicos en igualdad de condiciones.
d) No discriminación por razón de sexo.

3. Las obligaciones establecidas en la LO 3/2007 son de aplicación a:

a) A toda persona, física o jurídica, que se encuentre o actúe en territorio español, cualquiera que fuese su nacionalidad, domicilio o residencia.
b) A todos los ciudadanos españoles, ya sea en territorio español o territorio de cualquier país extranjero.
c) A toda persona, física o jurídica, que se encuentre o actúe en territorio español, con nacionalidad española.
d) A toda persona, física o jurídica, que resida en territorio español, cualquiera que fuese su nacionalidad.

4. Según el artículo 4 de la LO 3/2007, la igualdad de trato y de oportunidades entre mujeres y hombres:

a) Es un deber de las Administraciones Públicas.
b) Es una fuente formal del Derecho.
c) Es un principio informador del ordenamiento jurídico.
d) Es un objetivo fundamental del procedimiento administrativo.

5. El principio de igualdad de trato y de oportunidades entre mujeres y hombres:

a) Sólo se aplica en el ámbito del empleo público.
b) Se garantizará incluso en el acceso al trabajo por cuenta propia.
c) No se aplica en la afiliación y participación en organizaciones sindicales o empresariales.
d) Se garantizará en los términos que prevean los convenios colectivos.

6. La situación en que se encuentra una persona que sea, haya sido o pudiera ser tratada, en atención a su sexo, de manera menos favorable que otra en situación comparable, se considera:

a) Discriminación directa.
b) Acoso sexual.
c) Discriminación indirecta.
d) Violencia de género.

7. Una diferencia de trato basada en una característica relacionada con el sexo ¿constituye discriminación en el acceso al empleo?

a) Sí, en todo caso.
b) No, siempre que la formación necesaria se base en dicha característica.
c) No, siempre que dicha característica constituya un requisito profesional esencial y determinante.
d) No, si debido a la naturaleza de las actividades profesionales concretas o al contexto en el que se lleven a cabo, dicha característica constituya un requisito profesional esencial y determinante, siempre y cuando el objetivo sea legítimo y el requisito proporcionado.

8. En virtud del artículo 6.2 de la LO 3/2007, la situación en que una disposición, criterio o práctica aparentemente neutros pone a personas de un sexo en desventaja particular con respecto a personas del otro:

a) En cualquier caso constituirá discriminación directa.
b) En cualquier caso constituirá discriminación indirecta.
c) No se considera discriminación indirecta si dicha disposición, criterio o práctica pueden justificarse objetivamente en atención a una finalidad legítima y los medios para alcanzar dicha finalidad son necesarios y adecuados.
d) En ningún caso podrá considerarse discriminación.

9. Conforme al artículo 6.3 de la LO 3/2007, toda orden de discriminar por razón de sexo:

a) Sólo se considera discriminatoria si se ordena discriminar directamente.
b) En ningún caso se puede considerar discriminatoria.
c) Sólo se considera discriminatoria si ordena una discriminación indirecta.
d) En cualquier caso se considera discriminatoria, sea directa o indirecta.

10. A los efectos de la LO 3/2007, definimos como acoso sexual:

a) Cualquier comportamiento realizado en función del sexo de una persona, con el propósito o el efecto de atentar contra su dignidad y de crear un entorno intimidatorio, degradante u ofensivo.
b) La situación en que una disposición, criterio o práctica aparentemente neutros pone a personas de un sexo en desventaja particular con respecto a personas del otro, salvo que dicha disposición, criterio o práctica puedan justificarse objetivamente en atención a una finalidad legítima y que los medios para alcanzar dicha finalidad sean necesarios y adecuados.
c) Todo trato desfavorable a las mujeres relacionado con el embarazo o la maternidad.
d) Cualquier comportamiento, verbal o físico, de naturaleza sexual que tenga el propósito o produzca el efecto de atentar contra la dignidad de una persona, en particular cuando se crea un entorno intimidatorio, degradante u ofensivo.

11. Según el artículo 8 de la LO 3/2007, todo trato desfavorable a las mujeres relacionado con el embarazo o la maternidad constituye:

a) Acoso sexual.
b) Acoso por razón de sexo.
c) Discriminación directa por razón de sexo.
d) Discriminación indirecta por razón de sexo.

12. Cualquier comportamiento realizado en función del sexo de una persona, con el propósito o el efecto de atentar contra su dignidad y de crear un entorno intimidatorio, degradante u ofensivo, constituye:

a) Discriminación directa.
b) Acoso sexual.
c) Acoso por razón de sexo.
d) Discriminación indirecta.

13. Conforme al artículo 7.4 de la LO 3/2007, el condicionamiento de un derecho o de una expectativa de derecho a la aceptación de una situación constitutiva de acoso sexual o de acoso por razón de sexo se considerará:

a) Acto de discriminación por razón de sexo.
b) Creación de un entorno intimidatorio, degradante u ofensivo.

c) Anulable y sin efecto.
d) Indemnizable.

14. En virtud del artículo 9 de la LO 3/2007, cualquier trato adverso o efecto negativo que se produzca en una persona como consecuencia de la presentación por su parte de queja, reclamación, denuncia, demanda o recurso, de cualquier tipo, destinados a impedir su discriminación y a exigir el cumplimiento efectivo del principio de igualdad de trato entre mujeres y hombres, se considerará:

a) Discriminación directa.
b) Discriminación por razón de sexo.
c) Injustificado.
d) Acoso sexual.

15. Para prevenir la realización de conductas discriminatorias en los actos y las cláusulas de los negocios jurídicos, el artículo 10 de la LO 3/2007 prevé la existencia de un sistema de sanciones eficaz y:

a) Proporcionado.
b) Comprensible.
c) Cuantificable.
d) Disuasorio.

16. Según el artículo 10 de la LO 3/2007, los actos y las cláusulas de los negocios jurídicos que constituyan o causen discriminación por razón de sexo se considerarán:

a) Válidos, pero anulables.
b) Nulos y sin efecto.
c) Ilegales.
d) Nulos, pero con efectos.

17. Conforme al artículo 12 de la LO 3/2007, cualquier persona podrá recabar de los tribunales la tutela del derecho a la igualdad entre mujeres y hombres, de acuerdo con lo establecido en el artículo 53.2 de la Constitución:

a) Siempre que la relación en la que supuestamente se produce la discriminación se encuentre vigente.
b) Incluso tras la terminación de la relación en la que supuestamente se ha producido la discriminación.
c) Siempre que se haya dado por terminada la relación en la que supuestamente se produce la discriminación.
d) A menos que se haya procedido a la suspensión de la relación en la que supuestamente se produce la discriminación.

18. La capacidad y la legitimación para intervenir en los procesos civiles, sociales y contencioso-administrativos que versen sobre la defensa del derecho de igualdad entre mujeres y hombres, corresponden a:

a) La persona acosada, únicamente.
b) Cualquier ciudadano.
c) Las personas físicas y jurídicas con interés legítimo.
d) Cualquier persona jurídica.

19. La persona acosada será la única legitimada en los litigios:

a) Sobre discriminación directa.
b) Sobre acoso sexual y acoso por razón de sexo.
c) Sobre acoso sexual únicamente.
d) Únicamente sobre acoso por razón de sexo.

20. El artículo 14 de la LO 3/2007 señala como uno de los criterios generales de actuación de los Poderes Públicos para el cumplimiento de los fines de esta ley, la participación equilibrada de mujeres y hombres en:

a) Los órganos colegiados de organismos públicos.
b) Los órganos directivos de las empresas de más de 250 trabajadores.
c) Los tribunales de selección y de decisión.
d) Las candidaturas electorales y en la toma de decisiones.

21. Un criterio general de actuación de los Poderes Públicos, según el artículo 14 de la LO 3/2007, es el establecimiento de medidas que aseguren la .... del trabajo y de la vida personal y familiar de las mujeres y los hombres, así como el fomento de la .... en las labores domésticas y en la atención a la familia. Qué dos palabras completan acertadamente la frase anterior:

a) Conciliación y corresponsabilidad.
b) Estabilidad y cooperación.
c) Corresponsabilidad y cooperación.
d) Estabilidad y conciliación.

22. Según el artículo 15 de la Ley para la Igualdad efectiva entre Mujeres y Hombres, el principio de igualdad de trato y oportunidades informará la actuación de todos los poderes públicos:

a) Con carácter transversal.
b) De forma equilibrada.
c) Solo cuando se trate de colectivos de especial vulnerabilidad o de violencia de hecho.
d) Con carácter no vinculante.

23. Conforme al artículo 15 de la LO 3/2007, las Administraciones Públicas integrarán el principio de igualdad de trato y oportunidades entre hombres y mujeres en la adopción y ejecución de sus disposiciones normativas, en la definición y presupuestación de políticas públicas en todos los ámbitos y en el desarrollo del conjunto de todas sus actividades, de forma:

a) Activa.
b) Inteligente.
c) Visible.
d) Coordinada.

24. Según el artículo 16 de la LO 3/2007, los poderes públicos:

a) Procurarán atender al principio de presencia equilibrada de mujeres y hombres en los nombramientos y designaciones de los cargos de responsabilidad que les correspondan.
b) Podrán atender al principio de presencia equilibrada de mujeres y hombres en los nombramientos y designaciones de los cargos de responsabilidad que les correspondan.
c) Deberán atender al principio de presencia equilibrada de mujeres y hombres en los nombramientos y designaciones de los cargos de responsabilidad que les correspondan.
d) Obligarán atender al principio de presencia equilibrada de mujeres y hombres en los nombramientos y designaciones de los cargos de responsabilidad que les correspondan.

25. Según el artículo 17 de la LO 3/2007, el Gobierno, en las materias que sean de la competencia del Estado, aprobará un Plan Estratégico de Igualdad de Oportunidades:

a) Anualmente.
b) Bianualmente.
c) Cada cuatro años.
d) Periódicamente.

26. El artículo 18 de la LO 3/2007, exige al Gobierno la elaboración de un informe periódico sobre el conjunto de sus actuaciones en relación con la efectividad del principio de igualdad entre mujeres y hombres. Los términos en que se elaborarán estos informes se determinarán:

a) Por ley orgánica.
b) Por ley.
c) Reglamentariamente.
d) En una ley de bases.

27. El Gobierno dará cuenta del informe sobre el conjunto de sus actuaciones en relación con la efectividad del principio de igualdad entre mujeres y hombres:

a) Al Congreso de los Diputados.
b) A las Cortes Generales.

c) A las asociaciones y organizaciones de mujeres.

d) Al Defensor del Pueblo.

28. Los proyectos de disposiciones de carácter general y los planes de especial relevancia económica, social, cultural y artística que se sometan a la aprobación del Consejo de Ministros deberán incorporar:

a) Un Plan Estratégico de Igualdad de Oportunidades.

b) Una estadística o encuesta que posibilite el conocimiento de las diferencias en los valores, roles, situaciones y condiciones, de mujeres y hombres en el ámbito de acción del proyecto o plan.

c) Un informe periódico sobre el conjunto de sus actuaciones en relación con la efectividad del principio de igualdad entre mujeres y hombres.

d) Un informe sobre su impacto por razón de género.

29. El artículo 20 de la LO 3/2007, establece una serie de medidas obligatorias a las que se someterán los estudios y estadísticas que elaboren los poderes públicos. Cuál de las siguientes es una de dichas medidas:

a) Excluir sistemáticamente la variable de sexo en las estadísticas, encuestas y recogida de datos que lleven a cabo.

b) Realizar muestras lo suficientemente amplias para evitar que las diversas variables incluidas puedan ser explotadas y analizadas en función de la variable de sexo.

c) Explotar los datos de que disponen de modo que se puedan conocer las diferentes situaciones, condiciones, aspiraciones y necesidades de mujeres y hombres en los diferentes ámbitos de intervención.

d) Establecer e incluir en las operaciones estadísticas nuevos indicadores que posibiliten un mejor conocimiento de las similitudes en los valores, roles, situaciones, condiciones, aspiraciones y necesidades de mujeres y hombres.

30. Conforme al artículo 22 de la LO 3/2007, las corporaciones locales, con el fin de avanzar hacia un reparto equitativo de los tiempos entre mujeres y hombres, podrán establecer:

a) Planes Municipales de Empleo con perspectiva de género.

b) Ordenanzas de regulación del tiempo.

c) Ordenanzas o Edictos de representación equilibrada en los tiempos de la ciudad.

d) Planes Municipales de organización del tiempo de la ciudad.

Solución al test n.º 4

1. d) Título Preliminar.

2. b) Igualdad de trato y de oportunidades entre mujeres y hombres.

3. a) A toda persona, física o jurídica, que se encuentre o actúe en territorio español, cualquiera que fuese su nacionalidad, domicilio o residencia.

4. c) Es un principio informador del ordenamiento jurídico.

5. b) Se garantizará incluso en el acceso al trabajo por cuenta propia.

6. a) Discriminación directa.

7. d) No, si debido a la naturaleza de las actividades profesionales concretas o al contexto en el que se lleven a cabo, dicha característica constituya un requisito profesional esencial y determinante, siempre y cuando el objetivo sea legítimo y el requisito proporcionado.

8. c) No se considera discriminación indirecta si dicha disposición, criterio o práctica pueden justificarse objetivamente en atención a una finalidad legítima y los medios para alcanzar dicha finalidad son necesarios y adecuados.

9. d) En cualquier caso se considera discriminatoria, sea directa o indirecta.

10. d) Cualquier comportamiento, verbal o físico, de naturaleza sexual que tenga el propósito o produzca el efecto de atentar contra la dignidad de una persona, en particular cuando se crea un entorno intimidatorio, degradante u ofensivo.

11. c) Discriminación directa por razón de sexo.

12. c) Acoso por razón de sexo.

13. a) Acto de discriminación por razón de sexo.

14. b) Discriminación por razón de sexo.

15. d) Disuasorio.

16. b) Nulos y sin efecto.

17. b) Incluso tras la terminación de la relación en la que supuestamente se ha producido la discriminación.

18. c) Las personas físicas y jurídicas con interés legítimo.

19. b) Sobre acoso sexual y acoso por razón de sexo.

20. d) Las candidaturas electorales y en la toma de decisiones.

21. a) Conciliación y corresponsabilidad.

22. a) Con carácter transversal.

23. a) Activa.

24. a) Procurarán atender al principio de presencia equilibrada de mujeres y hombres en los nombramientos y designaciones de los cargos de responsabilidad que les correspondan.

25. d) Periódicamente.

26. c) Reglamentariamente.

27. b) A las Cortes Generales.

28. d) Un informe sobre su impacto por razón de género.

29. c) Explotar los datos de que disponen de modo que se puedan conocer las diferentes situaciones, condiciones, aspiraciones y necesidades de mujeres y hombres en los diferentes ámbitos de intervención.

30. d) Planes Municipales de organización del tiempo de la ciudad.

TEST N.º 5

Ley 31/1995, de 8 de noviembre, de Prevención de Riesgos Laborales. Capítulo I: Objeto, ámbito de aplicación y definiciones. Capítulo III: Derechos y obligaciones. Capítulo V: consulta y participación de los trabajadores

1. ¿Cuál es la vigente Ley de Prevención de Riesgos Laborales?

a) Ley 32/1995, de 8 de noviembre.
b) Ley 30/1996, de 8 de noviembre.
c) Ley 31/1995, de 6 de noviembre.
d) Ley 31/1995, de 8 de noviembre.

2. La Ley de Prevención de Riesgos laborales, tiene por objeto:

a) Prevenir los accidentes en general.
b) Evitar riesgos en el recorrido al puesto de trabajo.
c) Promover la seguridad y la salud de los trabajadores.
d) Que cada vez haya menos accidentes de tráfico.

3. ¿Qué se entiende por "riesgo laboral"?

a) La posibilidad de que un trabajador sufra un determinado daño derivado del trabajo.
b) La posibilidad de que un trabajador sufra una enfermedad en el trabajo.
c) La posibilidad de que un trabajador sufra acoso.
d) El riesgo que supone el ir a trabajar.

4. Indica cuál es la definición de prevención:

a) La probabilidad racional de que un riesgo se materialice de forma inminente.
b) El estudio de los procesos potencialmente peligrosos para el trabajo.
c) Conjunto de actividades o medidas adoptadas o previstas en todas las fases de actividad de la empresa con el fin de evitar o disminuir los riesgos derivados del trabajo.
d) Posibilidad de que un trabajador sufra un determinado daño derivado del trabajo.

71

5. Según establece el art. 4 de la Ley 31/1995, de 8 de noviembre, de Prevención de Riesgos Laborales, se define como daños derivados del trabajo:

a) La posibilidad de que un trabajador sufra un determinado daño derivado del trabajo.
b) El que resulte probable racionalmente que se materialice en un futuro inmediato y pueda suponer y pueda suponer un daño grave para la salud de los trabajadores.
c) Las enfermedades, patologías o lesiones sufridas con motivo u ocasión del trabajo.
d) Cualquier máquina, aparato, instrumento o instalación utilizada en el trabajo.

6. Señale la respuesta incorrecta:

a) La Ley de Prevención de Riesgos Laborales se aplica a los operativos de Seguridad civil en casos de catástrofe.
b) La Ley de Prevención de Riesgos Laborales se aplica a las sociedades cooperativas.
c) En el ámbito de la relación laboral de carácter especial del servicio del hogar familiar, las personas trabajadoras tienen derecho a una protección eficaz en materia de seguridad y salud en el trabajo.
d) En los establecimientos penitenciarios, se adaptarán a la Ley de Prevención de Riesgos Laborales aquellas actividades cuyas características justifiquen una regulación especial.

7. Para calificar un riesgo desde el punto de vista de su gravedad, se valorarán conjuntamente la severidad del daño y:

a) La probabilidad de que se produzca.
b) La cantidad de trabajadores de la empresa.
c) La existencia o no de equipos individuales de protección.
d) Las condiciones de trabajo.

8. El derecho básico reconocido a los trabajadores por la Ley 31/1995, de 8 de noviembre, es:

a) La vigilancia de su estado de salud.
b) Una protección eficaz en materia de seguridad y salud en el trabajo.
c) La formación en materia preventiva.
d) La información, consulta y participación.

9. Entre los principios de la acción preventiva recogidos por el artículo 15 de la Ley de Prevención de Riesgos Laborales, no figura:

a) Evitar los riesgos.
b) Evaluar los riesgos que se puedan evitar.
c) Tener en cuenta la evolución de la técnica.
d) Dar las debidas instrucciones a los trabajadores.

10. En el marco de sus responsabilidades, el empresario realizará la prevención de los riesgos laborales mediante la integración en la empresa de:

a) Los equipos de protección individual.
b) Los Servicios de Prevención propios.

c) La actividad preventiva.
d) La normativa comunitaria.

11. Los instrumentos esenciales para la gestión y aplicación del Plan de prevención de riesgos laborales son:

a) La evaluación de riesgos y la planificación de la actividad preventiva.
b) La evaluación inicial de riesgos y la formación.
c) La planificación y la gestión de la actividad preventiva.
d) La identificación y la evaluación de los riesgos.

12. En relación a la vigilancia de la salud que ha de garantizar el empresario, el acceso a la información médica de carácter personal:

a) Se limitará al empresario y a los Servicios de Prevención propios.
b) Se limitará al Jefe inmediato del trabajador.
c) Sólo será accesible al propio trabajador.
d) Se limitará al personal médico y a las autoridades sanitarias que lleven a cabo la vigilancia.

13. Según la Ley de Prevención de Riesgos Laborales, es obligación de los trabajadores en materia de prevención de riesgos:

a) La protección eficaz en materia de seguridad y salud en el trabajo.
b) Utilizar correctamente los medios y equipos de protección facilitados por el empresario, de acuerdo con las instrucciones recibidas de éste.
c) Soportar el coste de las medidas relativas a la seguridad y la salud en el trabajo.
d) Desarrollar una acción permanente de seguimiento de la actividad preventiva.

14. Cuando los trabajadores estén expuestos a un riesgo grave e inminente con ocasión de su trabajo, y el empresario no adopte o no permita la adopción de las medidas necesarias para garantizar la seguridad y la salud de los trabajadores, la Ley 31/1995, de 8 de noviembre, de Prevención de Riesgos Laborales prevé que:

a) Los trabajadores afectados podrán paralizar la actividad.
b) El órgano de representación del personal instará formalmente al empresario a la adopción de las medidas necesarias.
c) Los Delegados de Prevención lo comunicarán a la autoridad laboral, que adoptará las medidas necesarias.
d) El órgano de representación de personal podrá acordar la paralización de la actividad.

15. El art. 23 de la LPRL establece la documentación que el empresario debe elaborar y conservar a disposición de la autoridad laboral. De las siguientes no está incluido:

a) El Plan de prevención de riesgos laborales.
b) Evaluación de los riesgos para la seguridad y la salud en el trabajo.

c) La planificación de la actividad laboral.

d) La relación de accidentes de trabajo y enfermedades profesionales que hayan causado al trabajador una incapacidad laboral superior a un día de trabajo.

16. El posible cambio de puesto de trabajo con riesgo para una trabajadora embarazada:

a) Deberá realizarse en caso de imposibilidad de adaptación del propio puesto.

b) Se hará previo informe en tal sentido del Servicio de Prevención.

c) Se determinará por el empresario, y dará información a los representantes de los trabajadores.

d) Se extenderá al período de lactancia.

17. ¿Cuándo se deben utilizar los equipos de protección individual?

a) Siempre.

b) Cuando los riesgos no hayan sido evaluados.

c) Cuando los riesgos no se puedan evitar o no puedan limitarse.

d) Cuando el trabajador lo estime oportuno.

18. Las trabajadoras embarazadas ¿tienen derecho a ausentarse del trabajo para la realización de exámenes prenatales y técnicas de preparación al parto?

a) Sí, con derecho a remuneración, previo aviso al empresario y justificación de la necesidad de su realización dentro de la jornada de trabajo.

b) Sí, con derecho a remuneración, sin necesidad de avisar al empresario ni justificar la necesidad de su realización dentro de la jornada de trabajo.

c) Sí, sin derecho a remuneración, previo aviso al empresario y justificación de la necesidad de su realización dentro de la jornada de trabajo.

d) No, en ningún caso.

19. En las empresas de hasta 30 trabajadores el Delegado de Prevención será:

a) El propio empresario.

b) El trabajador más antiguo.

c) El trabajador de mayor cualificación.

d) El delegado de personal.

20. Según la Ley de Prevención de Riesgos Laborales, se constituirá un Comité de Seguridad y Salud en todas las empresas o centros de trabajo que cuenten con:

a) 30 o más trabajadores.

b) 50 o más trabajadores.

c) 75 o más trabajadores.

d) 100 o más trabajadores.

21. El órgano paritario y colegiado de participación destinado a la consulta regular y periódica de las actuaciones de la empresa en materia de prevención de riesgos, es:

a) El Comité de Empresa.
b) El Consejo de Vigilancia de la Prevención.
c) La Comisión de Evaluación de Riesgos Laborales.
d) El Comité de Seguridad y Salud.

22. Conforme al artículo 38 de la Ley 31/1995, el Comité de Seguridad y Salud se reunirá al menos:

a) Quincenalmente.
b) Mensualmente.
c) Trimestralmente.
d) Semestralmente.

23. A efectos de determinar el número de Delegados de Prevención se tendrá en cuenta que, se computarán como trabajadores fijos de plantilla los trabajadores vinculados por contratos de duración determinada superior a:

a) 6 meses.
b) Un año.
c) Dos años.
d) Cuatro años.

24. A efectos de determinar el número de Delegados de Prevención se tendrá en cuenta que, los contratados por término de hasta un año se computarán según el número de días trabajados en el período de un año anterior a la designación. Se computarán como un trabajador más:

a) Cada 3 meses de trabajo o fracción.
b) Cada 6 meses de trabajo o fracción.
c) Cada cien días de trabajo o fracción.
d) Cada doscientos días de trabajo o fracción.

Solución al test n.º 5

1. d) Ley 31/1995, de 8 de noviembre.

2. c) Promover la seguridad y la salud de los trabajadores.

3. a) La posibilidad de que un trabajador sufra un determinado daño derivado del trabajo.

4. c) Conjunto de actividades o medidas adoptadas o previstas en todas las fases de actividad de la empresa con el fin de evitar o disminuir los riesgos derivados del trabajo.

5. c) Las enfermedades, patologías o lesiones sufridas con motivo u ocasión del trabajo.

6. a) La Ley de Prevención de Riesgos Laborales se aplica a los operativos de Seguridad civil en casos de catástrofe.

7. a) La probabilidad de que se produzca.

8. b) Una protección eficaz en materia de seguridad y salud en el trabajo.

9. b) Evaluar los riesgos que se puedan evitar.

10. c) La actividad preventiva.

11. a) La evaluación de riesgos y la planificación de la actividad preventiva.

12. d) Se limitará al personal médico y a las autoridades sanitarias que lleven a cabo la vigilancia.

13. b) Utilizar correctamente los medios y equipos de protección facilitados por el empresario, de acuerdo con las instrucciones recibidas de éste.

14. d) El órgano de representación de personal podrá acordar la paralización de la actividad.

15. c) La planificación de la actividad laboral.

16. a) Deberá realizarse en caso de imposibilidad de adaptación del propio puesto.

17. c) Cuando los riesgos no se puedan evitar o no puedan limitarse.

18. a) Sí, con derecho a remuneración, previo aviso al empresario y justificación de la necesidad de su realización dentro de la jornada de trabajo.

19. d) El delegado de personal.

20. b) 50 o más trabajadores.

21. d) El Comité de Seguridad y Salud.

22. d) Semestralmente.

23. b) Un año.

24. d) Cada doscientos días de trabajo o fracción.

TEST N.º 6

El Mayor en el ambiente residencial. Adaptación al Centro. Trastornos de conducta y de comportamiento en las personas mayores. Relación de ayuda. Pautas de actuación en situaciones conflictivas

1. Según las proyecciones del INE, ¿qué comunidad autónoma tendrá el mayor porcentaje de hogares unipersonales en 2039?

a) Comunidad Valenciana.
b) Castilla y León.
c) Asturias.
d) Extremadura.

2. ¿Cuál es la principal diferencia entre la tercera edad y la cuarta edad?

a) La tercera edad abarca de los 65 a los 85 años, mientras que la cuarta edad comienza a los 95 años.
b) La tercera edad es una etapa física, mientras que la cuarta edad se enfoca en aspectos psicológicos.
c) La tercera edad va de los 70 a los 85 años, y la cuarta edad comienza a los 85 años.
d) La tercera edad se asocia con la jubilación, mientras que la cuarta edad está relacionada con la capacidad de trabajar.

3. Según el artículo 2 del Decreto 14/2017, ¿qué aspecto es fundamental en la organización de la vida cotidiana en los centros residenciales para personas mayores?

a) La atención debe ser exclusivamente asistencial, sin considerar la autodeterminación de los residentes.
b) El enfoque debe centrarse exclusivamente en la atención médica, sin tomar en cuenta las expectativas personales de los residentes.
c) Los residentes deben participar únicamente en actividades físicas para mantener su bienestar.
d) La vida cotidiana se organiza de acuerdo con la autodeterminación de la persona, garantizando atención personalizada basada en su identidad y deseos.

4. ¿Cuál de los siguientes factores influye más en la capacidad de adaptación de las personas mayores a los cambios en sus vidas?

a) La falta de actividades recreativas en los centros residenciales.
b) El apoyo social disponible para la persona mayor.
c) La edad avanzada como factor determinante para no adaptarse.
d) La especialización de los centros residenciales en la atención médica.

5. ¿Qué ha cambiado en el enfoque de los centros residenciales para personas mayores en los últimos?

a) Se han centrado exclusivamente en la atención médica de los residentes.
b) Se ha priorizado la permanencia de los mayores en sus hogares, evitando el ingreso en centros residenciales.
c) Han adoptado un enfoque más asistencial y hotelero.
d) Se ha adoptado un enfoque polivalente y multifuncional, abierto a la comunidad.

6. ¿Cuál es uno de los efectos negativos asociados a la institucionalización de personas mayores?

a) Mejora en la autonomía personal.
b) Aumento de la actividad social.
c) Agravamiento del deterioro físico y psicológico.
d) Reducción de la dependencia.

7. ¿Cuál es uno de los factores clave en la adaptación de las personas mayores?

a) Aumento de la dependencia sin cambios en el entorno.
b) Selección, optimización y compensación.
c) Reducción de la autonomía personal.
d) Aislamiento social en el hogar.

8. ¿Cuál es uno de los aspectos clave en la fase de preingreso para el ingreso en un centro residencial?

a) La llegada inmediata a la residencia sin previo aviso.
b) La anticipación y la previsión de la situación.
c) La adaptación rápida sin considerar las emociones.
d) La entrega de material informativo solo después de la admisión.

9. ¿Cuál de los siguientes factores influye en la vulnerabilidad de la persona mayor al ingreso en un centro residencial?

a) El estado de salud del residente, ya que las enfermedades crónicas pueden dificultar la adaptación.
b) La voluntad del residente de hacer nuevas amistades en el centro.

c) La cercanía de la residencia al hogar de la persona mayor.
d) La cantidad de actividades recreativas disponibles en el centro.

10. Indica cuál de los siguientes factores no es un factor que influye en la vulnerabilidad de la persona mayor al ingreso en un centro residencial:

a) Voluntariedad del ingreso.
b) Estado de salud del residente.
c) Edad del residente.
d) Características del centro residencial.

11. ¿Cuál de las siguientes recomendaciones NO forma parte de la preparación para el día del ingreso en una residencia?

a) Asegurar que el residente y sus familiares conozcan el procedimiento y la duración de los trámites.
b) Explorar las instalaciones y visitar la habitación del residente.
c) Si es posible, compartir una comida con el residente en el centro.
d) Que los familiares se queden durante todo el día con el residente en la residencia.

12. ¿Cuál de las siguientes fases NO forma parte del proceso de ajuste familiar cuando un ser querido ingresa en un centro residencial?

a) Ambivalencia e inseguridad.
b) Asistencia frecuente e hiperactividad.
c) Redistribución de roles y participación en la comunidad.
d) Desconexión emocional y ruptura de la relación familiar.

13. De los siguientes factores, hay uno que NO es relevante para facilitar la adaptación del residente en el momento del ingreso a la residencia. Indica cuál:

a) El medio de transporte utilizado para el traslado.
b) La persona que acompaña al residente durante el ingreso.
c) La cantidad de información proporcionada en los primeros momentos.
d) La correcta asignación de espacio dentro de la residencia.

14. ¿Cuál de las siguientes estrategias es importante para fomentar una mejor adaptación de los residentes en un centro residencial?

a) Limitar la participación del residente en actividades para que se adapte de manera individual.
b) Fomentar la participación del residente en actividades y programas de la institución.
c) Evitar la interacción con otros residentes para reducir el estrés social.
d) Permitir que el residente permanezca aislado mientras se adapta a su entorno.

15. ¿Qué aspecto es clave para el éxito de un centro residencial?

a) Forzar a los residentes a ajustarse a las normas preestablecidas.
b) Diseñar espacios que favorezcan la interacción social y la intimidad.
c) Minimizar la personalización de los espacios para evitar distracciones.
d) Reducir la interacción con la comunidad para evitar el estrés.

16. ¿Cuál de los siguientes trastornos de conducta en personas mayores está relacionado con la pérdida progresiva de la función cognitiva y la memoria?

a) Trastornos del estado de ánimo.
b) Trastornos de la personalidad.
c) Trastornos neuropsiquiátricos.
d) Trastornos de la conducta alimentaria.

17. ¿Cuál de los siguientes factores está relacionado con trastornos de conducta en las personas mayores debido a alteraciones en las funciones cerebrales y cognitivas?

a) Factores neurodegenerativos.
b) Factores psiquiátricos.
c) Factores médicos.
d) Factores ambientales y sociales.

18. ¿Cuál de las siguientes conductas es común en personas con demencia, especialmente en etapas avanzadas de la enfermedad?

a) Desinterés por el entorno.
b) Irritabilidad y agresividad.
c) Hiperactividad constante.
d) Falta de memoria a corto plazo.

19. ¿Cuál de las siguientes conductas es más característica de la fase maníaca del trastorno bipolar?

a) Hiperactividad y grandiosidad.
b) Aislamiento social y fatiga extrema.
c) Apatía y desinterés por actividades diarias.
d) Sentimientos de desesperanza e inutilidad.

20. ¿Cuál de las siguientes conductas es más común en las personas mayores con depresión?

a) Hiperactividad y grandiosidad.
b) Irritabilidad excesiva durante la fase maníaca.

c) Descuido de la higiene personal.
d) Comportamientos de riesgo e impulsividad.

21. ¿Cuál de las siguientes conductas es más común en los adultos mayores con trastornos del estado de ánimo?

a) Confusión o desorientación, a menudo diagnosticada erróneamente como un trastorno cognitivo.
b) Hiperactividad y exceso de energía.
c) Falta de interés en actividades, pero sin manifestar cambios en las relaciones sociales.
d) Participación activa en eventos sociales y reuniones familiares.

22. ¿Qué síntomas físicos son comunes en las personas mayores con trastornos de ansiedad?

a) Temblores, palpitaciones, sudoración y dificultad para respirar.
b) Aumento de energía, insomnio y euforia.
c) Pérdida de peso, fatiga extrema y mareos.
d) Hiperactividad, impulsividad y conductas arriesgadas.

23. Según Carl Rogers, ¿cuál de las siguientes características es esencial para que un profesional promueva un cambio positivo en la persona que recibe ayuda?

a) Ser autoritario y dar soluciones rápidas al paciente.
b) Mostrar empatía, congruencia y aceptación incondicional.
c) Ofrecer consejos constantes sin escuchar al paciente.
d) Adoptar una postura distante para evitar involucrarse emocionalmente.

24. Según Carl Rogers, ¿qué se busca lograr a través de la relación de ayuda?

a) Que la persona ayudada dependa completamente del profesional para tomar decisiones.
b) Que el profesional imponga soluciones rápidas sin tener en cuenta las emociones de la persona ayudada.
c) Que la persona ayudada entre en contacto con sus propios sentimientos, los exprese y gane confianza en sí misma.
d) Que el profesional se mantenga completamente neutral y no se involucre emocionalmente.

25. ¿Cuál de las siguientes afirmaciones describe mejor la "aceptación incondicional" según Carl Rogers?

a) Aceptar a la persona solo si comparte tus mismos valores.
b) Aceptar a la persona sin condiciones, sin críticas ni prejuicios.
c) Establecer límites estrictos para el comportamiento de la persona.
d) Mostrar compasión solo cuando la persona lo pida.

26. ¿Cuál de las siguientes acciones es más efectiva para fomentar la autoestima en personas que necesitan ayuda?

a) Criticar sus errores de manera constructiva.
b) Ignorar sus logros y esfuerzos para evitar darles falsas expectativas.
c) Exigirles que superen sus limitaciones por sí mismos.
d) Resaltar sus cualidades en público y en privado.

27. ¿Cuál de las siguientes estrategias es más efectiva para manejar situaciones conflictivas con personas mayores?

a) Utilizar un tono autoritario para imponer límites claros.
b) Evitar la interacción y dejar que la persona se calme por sí misma.
c) Mantener la calma, mostrar empatía y escuchar activamente.
d) Ignorar los comportamientos y dejar que sigan su curso sin intervenir.

28. ¿Cuál de las siguientes es una estrategia recomendada para manejar conflictos con personas mayores?

a) Ignorar los síntomas físicos como dolor y malestar.
b) Establecer límites firmes con un tono sereno y respetuoso.
c) Imponer soluciones sin consultar a la persona mayor.
d) Evitar que la persona participe en la toma de decisiones.

29. ¿Cuál es una de las técnicas no farmacológicas recomendadas para reducir las conductas problemáticas en personas mayores?

a) Uso exclusivo de antipsicóticos.
b) Modificación del entorno, como el control de estímulos.
c) Ignorar completamente las conductas inadecuadas.
d) Aislar a la persona para evitar interacciones sociales.

30. ¿Qué beneficio tiene la terapia de reminiscencia en el manejo de las conductas problemáticas de las personas mayores?

a) Ayuda a mejorar la memoria de los pacientes al enfocarse exclusivamente en el pasado.
b) Se centra en mejorar la comunicación verbal de los pacientes con demencia.
c) Se utiliza para corregir las percepciones erróneas de los pacientes sobre su entorno.
d) Reduce la ansiedad y agresividad al conectar con recuerdos positivos.

Solución al test n.º 6

1. b) Castilla y León.

2. c) La tercera edad va de los 70 a los 85 años, y la cuarta edad comienza a los 85 años.

3. d) La vida cotidiana se organiza de acuerdo con la autodeterminación de la persona, garantizando atención personalizada basada en su identidad y deseos.

4. b) El apoyo social disponible para la persona mayor.

5. d) Se ha adoptado un enfoque polivalente y multifuncional, abierto a la comunidad.

6. c) Agravamiento del deterioro físico y psicológico.

7. b) Selección, optimización y compensación.

8. b) La anticipación y la previsión de la situación.

9. a) El estado de salud del residente, ya que las enfermedades crónicas pueden dificultar la adaptación.

10. c) Edad del residente.

11. d) Que los familiares se queden durante todo el día con el residente en la residencia.

12. d) Desconexión emocional y ruptura de la relación familiar.

13. c) La cantidad de información proporcionada en los primeros momentos.

14. b) Fomentar la participación del residente en actividades y programas de la institución.

15. b) Diseñar espacios que favorezcan la interacción social y la intimidad.

16. c) Trastornos neuropsiquiátricos.

17. a) Factores neurodegenerativos.

18. b) Irritabilidad y agresividad.

19. a) Hiperactividad y grandiosidad.

20. c) Descuido de la higiene personal.

21. a) Confusión o desorientación, a menudo diagnosticada erróneamente como un trastorno cognitivo.

22. a) Temblores, palpitaciones, sudoración y dificultad para respirar.

23. b) Mostrar empatía, congruencia y aceptación incondicional.

24. c) Que la persona ayudada entre en contacto con sus propios sentimientos, los exprese y gane confianza en sí misma.

25. b) Aceptar a la persona sin condiciones, sin críticas ni prejuicios.

26. d) Resaltar sus cualidades en público y en privado.

27. c) Mantener la calma, mostrar empatía y escuchar activamente.

28. b) Establecer límites firmes con un tono sereno y respetuoso.

29. b) Modificación del entorno, como el control de estímulos.

30. d) Reduce la ansiedad y agresividad al conectar con recuerdos positivos.

TEST N.º 7

Cambios fisiológicos en el Mayor. Calidad de vida en la vejez. Concepto de salud y calidad de vida relacionada con la salud. Ocio y actividad en Personas Mayores

1. ¿Cuántos años aproximadamente más se incrementa la esperanza de vida en España al llegar una persona a la edad de 65 años?

a) Se incrementa aproximadamente 4 años.
b) Se incrementa aproximadamente 8 años.
c) Se incrementa aproximadamente 18 años.
d) Se incrementa aproximadamente 25 años.

2. ¿Qué factor de los que hay que tener en cuenta por el incremento de gerontes en la población es el que se traduce por un aumento de la frecuencia absoluta de enfermedades en el anciano?

a) Factor social.
b) Factor económico.
c) Factor terapéutico.
d) Factor epidemiológico.

3. La vejez propiamente dicha se denomina también:

a) Madurez precoz.
b) Decrepitud.
c) Madurez tardía.
d) Caquexia senil.

4. ¿Qué edad expresa la capacidad de mantener los roles personales y la integración social del individuo en la comunidad, para lo que se precisa conservar razonables cotas de capacidades físicas?

a) Edad cronológica.
b) Edad biológica.

c) Edad psicológica.
d) Edad funcional.

5. ¿Cómo se denomina la relación que se produce al dividir a la población ≥ de 65 años entre la población de los menores de 0 a 14 años?

a) Tasa juvenil.
b) Coeficiente de juventud.
c) Índice o coeficiente de renovación.
d) Índice de reposición.

6. ¿Qué dispositivo de carácter social o de apoyo a la convivencia consideras una institución cerrada?

a) Asilos.
b) Clubes de ancianos (hogar del pensionista).
c) Ayuda a domicilio.
d) Centros de día.

7. ¿Cuál de los dispositivos de carácter sanitario a nivel geriátrico es de segundo nivel?

a) Centros de salud.
b) Hospital de día geriátrico.
c) Hospital de cuidados continuados.
d) Ninguno de los anteriores.

8. ¿Qué circunstancias de las que se nombran son más acordes con el anciano frágil?

a) Posee una edad generalmente superior a los 65 años, con alteraciones funcionales, al límite entre lo "normal" y "patológico", en equilibrio inestable y con adaptación de los trabajos funcionales a sus posibilidades reales de rendimiento.
b) Es una persona de edad (mayor), que sufre alguna enfermedad (aguda o crónica) pero no cumple ningún otro requisito de los citados anteriormente.
c) Posee una edad generalmente superior a los 80 años, que sufre una o varias enfermedades que le producen algún riesgo de incapacidad, o una cierta incapacidad leve, que sigue tratamiento farmacológico (uno o varios medicamentos), que vive en la comunidad, generalmente solo o en compañía de otra persona mayor, que ha sufrido un cambio reciente de domicilio, o que ha estado hospitalizado en los últimos doce meses, que precisa atención profesional domiciliaria y cuyos recursos socioeconómicos son limitados.
d) Sufre problemas mentales y/o sociales en relación con su estado de salud y que requiere institucionalización.

9. ¿Qué modificaciones de la piel del anciano es incorrecta?

a) Se va volviendo descolorida.
b) Aumenta en ella el grosor de los vasos sanguíneos.

c) Se vuelve más húmeda y con ello sudorosa y menos frágil.
d) Todo lo anterior es correcto.

10. ¿Qué sentidos de estos disminuyen fisiológicamente con la ancianidad?

a) Vista.
b) Gusto.
c) Olfato.
d) Todos los anteriores.

11. ¿Qué signo o síntoma del anciano es aquel que se muestra con el cuidador en forma de agresiones verbales?

a) De miedo.
b) De aislamiento.
c) De hostilidad.
d) De deterioro cognitivo.

12. ¿Qué se define como el proceso diagnóstico, estructurado, dinámico, multidimensional e interprofesional que nos permite identificar las capacidades del mayor, los problemas y las necesidades en los ámbitos clínico, funcional, mental y socioambiental de la persona mayor?

a) La valoración geriátrica integral.
b) La valoración estructurada por Necesidades Básicas.
c) La valoración estructurada por Patrones Funcionales de Salud.
d) La valoración estructurada por Patrones Anatómicos de Salud.

13. ¿Qué objetivo no es correcto de la valoración geriátrica integral?

a) Evitar que se produzca la institucionalización del anciano.
b) Asignar los servicios, ayudas técnicas y sobre todo incorporar al paciente a los programas que más se ajustan a sus necesidades.
c) Conocer los recursos del paciente y su entorno social, familiar y ambiental.
d) Evitar dando privilegios fomentando una ubicación adecuada en caso de institucionalización del anciano.

14. Si en la Escala de Barthel, que mide las ABVD, el paciente obtiene 70 puntos, indica que es:

a) Independiente.
b) Dependiente leve.
c) Dependiente moderado.
d) Dependiente grave.

15. ¿Cuántos puntos máximo posee la Escala de Tinetti, en su primera parte dedicada al equilibrio?

a) 6.
b) 12.
c) 16.
d) 28.

16. ¿Cuántos ítems posee el Índice de Barthel?

a) 5.
b) 10.
c) 15.
d) 20.

17. ¿Qué valoración, dentro de la valoración geriátrica integral, va dirigida a identificar y evaluar alteraciones en la capacidad de realizar funciones intelectuales, de forma que nos aporte información de interés respecto a su capacidad para desarrollar sus actividades cotidianas, incluido el trabajo, así como su capacidad de autocuidado?

a) Valoración clínica.
b) Valoración funcional.
c) Valoración cognitiva.
d) Valoración social.

18. ¿Cuál es la puntuación que nos marca el punto de corte ante una depresión moderada en el test de Hamilton (Rating Scale para Depresión de Hamilton)?

a) Puntuación de 18.
b) Puntuación de 12.
c) Puntuación de 8.
d) Puntuación de 4.

19. ¿Cuántos ítems posee la Escala Social de Gijón?

a) 3.
b) 4.
c) 5.
d) 6.

20. ¿Cada cuánto tiempo el anciano debe hidratar las uñas y su cutícula para mantenerlas blandas y evitar que se rompan?

a) Cada día.
b) Cada tres días.
c) Cada semana.
d) Cada mes.

21. La decrepitud senil se denomina:

a) Vejez senil o ancianidad.
b) Caquexia senil o ancianidad precoz.
c) Marasmo senil o ancianidad precoz.
d) Caquexia senil o marasmo senil.

22. ¿Cómo debe ser la atención a los ancianos?

a) Parcelar.
b) Social.
c) Integral.
d) Vital.

23. ¿Qué se estimará de estas cuestiones en la valoración psicológica del anciano al llevarse a cabo una valoración geriátrica integral?

a) Campo económico.
b) Campo de habitabilidad de vivienda.
c) Campo afectivo/cognitivo.
d) Campo familiar.

24. ¿Qué test cognitivo evalúa las habilidades visoespaciales y visoconstructivas?

a) Test del reloj de Shulman.
b) Prueba SPMSQ.
c) Test del reloj de Barthel.
d) Test del reloj de Blessed.

25. ¿Qué debe tomarse para evitar la aparición de estreñimiento debido a las circunstancias anatomofuncionales del anciano?

a) Una dieta rica en fibra digerible con frutas.
b) Una dieta rica en fibra digerible con verduras y frutas.
c) Una dieta rica en fibra indigerible con frutas.
d) Una dieta rica en fibra indigerible con frutas y verduras.

26. El término calidad de vida comenzó a tener importancia:

a) A partir del año 1970.
b) A partir del año 1950.
c) A partir del año 1990.
d) A finales del siglo XX.

27. Tener buena o mala calidad de vida depende:

a) De la subjetividad del anciano.
b) De la percepción que se tenga del anciano.
c) De la apariencia externa.
d) a y b son correctas.

28. El concepto de calidad de vida es:

a) Subjetivo.
b) Objetivo.
c) Implementado.
d) a y b son ciertas.

29. Respecto de calidad de vida, señale la respuesta falsa:

a) La calidad de vida no se mide.
b) La calidad de vida se valora.
c) La calidad de vida se estima.
d) La calidad de vida se intuye.

30. Calidad de vida en Geriatría es sinónimo de:

a) Bienestar (satisfacción).
b) Autonomía (capacidad funcional, independencia).
c) Salud (autopercepción).
d) Todas son correctas.

Solución al test n.º 7

1. c) Se incrementa aproximadamente 18 años.

2. d) Factor epidemiológico.

3. c) Madurez tardía.

4. d) Edad funcional.

5. c) Índice o coeficiente de renovación.

6. a) Asilos.

7. b) Hospital de día geriátrico.

8. c) Posee una edad generalmente superior a los 80 años, que sufre una o varias enfermedades que le producen algún riesgo de incapacidad, o una cierta incapacidad leve, que sigue tratamiento farmacológico (uno o varios medicamentos), que vive en la comunidad, generalmente solo o en compañía de otra persona mayor, que ha sufrido un cambio reciente de domicilio, o que ha estado hospitalizado en los últimos doce meses, que precisa atención profesional domiciliaria y cuyos recursos socioeconómicos son limitados.

9. c) Se vuelve más húmeda y con ello sudorosa y menos frágil.

10. d) Todos los anteriores.

11. c) De hostilidad.

12. a) La valoración geriátrica integral.

13. d) Evitar dando privilegios fomentando una ubicación adecuada en caso de institucionalización del anciano.

14. b) Dependiente leve.

15. c) 16.

16. b) 10.

17. c) Valoración cognitiva.

18. a) Puntuación de 18.

19. c) 5.

20. a) Cada día.

21. d) Caquexia senil o marasmo senil.

22. c) Integral.

23. c) Campo afectivo/cognitivo.

24. a) Test del reloj de Shulman.

25. b) Una dieta rica en fibra digerible con verduras y frutas.

26. a) A partir del año 1970.

27. a) De la subjetividad del anciano.

28. d) a y b son ciertas.

29. d) La calidad de vida se intuye.

30. d) Todas son correctas.

TEST N.º 8

Enfermedad geriátrica. Grandes síndromes gerontológicos

1. ¿Qué caracteriza principalmente a la enfermedad en geriatría?

a) Su aparición repentina y curación rápida.
b) Su presentación clásica y síntomas evidentes.
c) Su presentación atípica, cronicidad y pluripatología.
d) Su respuesta inmediata a los tratamientos.

2. ¿Qué ejemplo refleja una presentación atípica de una enfermedad en el anciano?

a) Fiebre alta con infección urinaria.
b) Dolor torácico agudo con infarto.
c) Disnea y confusión en un infarto de miocardio.
d) Tos productiva intensa en neumonía.

3. ¿Qué se entiende por síndromes gerontológicos?

a) Enfermedades agudas poco frecuentes.
b) Conjuntos de síntomas sin relevancia funcional.
c) Condiciones clínicas comunes y multifactoriales que afectan la autonomía.
d) Patologías infecciosas de la vejez.

4. ¿Cuál de los siguientes NO es un síndrome geriátrico típico?

a) Inmovilidad.
b) Hipotiroidismo.
c) Delirium.
d) Polifarmacia.

5. ¿Qué impacto tiene la polifarmacia en el anciano?

a) Reduce los efectos adversos.
b) Mejora la adherencia al tratamiento.

c) Aumenta el riesgo de interacciones y toxicidad.
d) Facilita el diagnóstico.

6. Entre los síndromes geriátricos más frecuentes destaca:

a) Deterioro cognitivo.
b) Diarrea.
c) Somnolencia.
d) Obesidad.

7. Considerando las caídas, la relación de presentación entre mujeres y hombres, es de:

a) 3:1.
b) 2:1.
c) 3:2.
d) 4:1.

8. El número de caídas se incrementa en:

a) Primavera.
b) Invierno.
c) Otoño.
d) No hay una época concreta.

9. El horario en el que se producen la mayor parte de las caídas se corresponde con:

a) Entre las 14 y las 16 horas.
b) Entre las 22 y las 23:30 horas.
c) Entre las 16 y las 19 horas.
d) Entre las 7 y las 9 horas.

10. Respecto a los factores de riesgo de caídas, los factores intrínsecos no incluyen:

a) Trastornos locomotores.
b) Condiciones del cuarto de baño.
c) Alteraciones oculares.
d) Alteraciones del equilibrio.

11. Las patologías que predisponen a las caídas incluyen:

a) Hipotensión.
b) Trastornos visuales.
c) Enfermedad de Parkinson.
d) Todas las respuestas anteriores son correctas.

12. Considerando los factores de riesgo para las caídas, los factores extrínsecos no incluyen:

a) Iluminación del hogar.
b) Barreras arquitectónicas de la calle.
c) Características del mobiliario en general.
d) Alteraciones del sistema propioceptivo.

13. La medicación más proclive a producir caídas, incluye:

a) Estatinas.
b) AINEs.
c) Benzodiacepinas.
d) Antileucotrienos.

14. La disminución o interrupción de la capacidad para desempeñar las actividades de la vida diaria por deterioro de las funciones motoras, se denomina:

a) Inestabilidad.
b) Inmovilidad.
c) Labilidad.
d) Asertividad.

15. Las patologías cardiorrespiratorias capaces de favorecer la inmovilidad incluyen:

a) Enfermedad pulmonar obstructiva crónica.
b) Presbicia.
c) Artrosis.
d) Todas las respuestas anteriores son correctas.

16. Las principales causas psíquicas capaces de desencadenar un síndrome de inmovilismo incluyen:

a) Demencia.
b) Estados confusionales.
c) Depresión.
d) Todas las respuestas anteriores son correctas.

17. Respecto a las consecuencias del inmovilismo, señale la opción incorrecta:

a) Aparece hipotensión ortostática y surge la posibilidad de que se formen trombos.
b) Se genera un desequilibrio en el balance ácido-base, capaz de provocar una acidosis respiratoria.
c) A nivel motriz se genera un aumento del tono muscular.
d) Aumenta el riesgo de aparición de úlceras por presión y dermatitis del pañal.

18. Respecto al plan de cuidados en relación con el inmovilismo, señale la opción incorrecta:

a) Debe revisarse la farmacoterapia del paciente con el fin de encontrar fármacos que potencien el riesgo de caídas o la confusión.
b) El aumento de la actividad debe realizarse tanto durante el día, como durante la noche.
c) La deambulación se iniciará con pasos lentos, tiempos cortos y recorriendo pequeñas distancias que se incrementarán progresivamente.
d) El plan de cuidados se ajustará a las peculiaridades del paciente.

19. Las causas de la incontinencia urinaria no incluyen:

a) Pérdida de la capacidad de cierre de la uretra mientras se llena la vejiga.
b) Pérdida del control voluntario sobre la vejiga.
c) Dificultades que afectan al mantenimiento del equilibrio electrolítico.
d) Mal funcionamiento combinado de uretra y vejiga.

20. Los anticolinérgicos se asocian a:

a) Incontinencia funcional.
b) Incontinencia por rebosamiento.
c) Incontinencia de estrés.
d) Ninguna de las opciones anteriores es correcta.

21. Se habla de incontinencia urinaria crónica, cuando su evolución supera:

a) 15 días.
b) 60 días.
c) 30 días.
d) 90 días.

22. Indique cuál de las siguientes patologías va ligada a la incontinencia transitoria:

a) Lesión del esfínter.
b) Esclerosis múltiple.
c) Lesión de la médula espinal.
d) Impactación fecal.

23. La estenosis uretral es la responsable de:

a) Incontinencia por rebosamiento.
b) Incontinencia funcional.
c) Incontinencia total.
d) Incontinencia de urgencia.

24. La enfermedad inflamatoria intestinal puede provocar:

a) Incontinencia neurógena.
b) Incontinencia por rebosamiento.
c) Incontinencia por función anorrectal alterada.
d) Ninguna de las respuestas anteriores es correcta.

25. Los divertículos se asocian a:

a) Incontinencia por sobrecarga del esfínter.
b) Incontinencia por función anorrectal alterada.
c) Incontinencia por rebosamiento.
d) Incontinencia funcional.

Solución al test n.º 8

1. c) Su presentación atípica, cronicidad y pluripatología.

2. c) Disnea y confusión en un infarto de miocardio.

3. c) Condiciones clínicas comunes y multifactoriales que afectan la autonomía.

4. b) Hipotiroidismo.

5. c) Aumenta el riesgo de interacciones y toxicidad.

6. a) Deterioro cognitivo.

7. b) 2:1.

8. c) Otoño.

9. d) Entre las 7 y las 9 horas.

10. b) Condiciones del cuarto de baño.

11. d) Todas las respuestas anteriores son correctas.

12. d) Alteraciones del sistema propioceptivo.

13. c) Benzodiacepinas.

14. b) Inmovilidad.

15. a) Enfermedad pulmonar obstructiva crónica.

16. d) Todas las respuestas anteriores son correctas.

17. c) A nivel motriz se genera un aumento del tono muscular.

18. b) El aumento de la actividad debe realizarse tanto durante el día, como durante la noche.

19. c) Dificultades que afectan al mantenimiento del equilibrio electrolítico.

20. b) Incontinencia por rebosamiento.

21. c) 30 días.

22. d) Impactación fecal.

23. a) Incontinencia por rebosamiento.

24. d) Ninguna de las respuestas anteriores es correcta.

25. c) Incontinencia por rebosamiento.

TEST N.º 9

Signos y constantes vitales en geriatría: Observación y vigilancia

1. ¿En la toma de qué constante vital no hay que avisar al enfermo acerca de lo que se le va a hacer?

a) Temperatura.
b) Pulso.
c) Respiración.
d) Tensión arterial.

2. ¿Qué afirmación es incorrecta de las acciones a seguir por el TCAE, cuando se observa alguna cuestión fuera de lo normal en la toma de constantes vitales?

a) Nunca debe dejar registrado su nombre en la hoja de incidencias de enfermería pero siempre el del paciente.
b) Debe dejar constancia por escrito en la hoja de incidencias de enfermería de todo aquello que sea considerado como fuera de lo normal.
c) Debe informar objetivamente al enfermero/a responsable del paciente de todo aquello que sea considerado como fuera de lo normal.
d) Debe dejar por escrito en la hoja de incidencias de enfermería la hora a la que se ha realizado la observación y el día que ha ocurrido, así como cuál ha sido su actuación ante aquello considerado como fuera de lo normal.

3. En el área de pediatría y urgencias en hospitales se está implantando el termómetro de:

a) Columna de mercurio.
b) Columna de galio.
c) Cristal de mercurio.
d) Sensor timpánico.

4. La temperatura bucal se puede tomar en:

a) Niños menores de 6 años.
b) Pacientes en coma.

c) Pacientes con agitación psicomotriz.
d) Niños mayores de 6 años.

5. Existe taquicardia por encima de:

a) 75 pulsaciones/minuto.
b) 85 pulsaciones/minuto.
c) 95 pulsaciones/minuto.
d) 100 pulsaciones/minuto.

6. ¿Cómo se denomina aquel pulso que se percibe con facilidad y que produce gran amplitud en el vaso que se palpa?

a) Fuerte.
b) Pleno.
c) Rebotante.
d) Filiforme.

7. El pulso central o apical se toma:

a) En la punta del corazón.
b) En la zona central del muslo.
c) En el cuello (es sinónimo del yugular).
d) En la zona central del brazo.

8. ¿Cuál de estas consideras una razón sustancial y etiopatogénica para tomar el pulso?

a) Para valorar la frecuencia, el ritmo, el volumen y la tensión del pulso, que pueden reflejar un problema general.
b) Para identificar a un sujeto.
c) Para valorar el estado de salud del sujeto.
d) Para conocer la edad del individuo.

9. ¿Cuál de estas es considerada una posición adecuada para tomar el pulso?

a) Posición de bipedestación.
b) Posición de sentado.
c) Posición de decúbito prono.
d) Son válidas las respuestas a) y b).

10. La ausencia de respiración se denomina:

a) Apnea.
b) Hipernea.

c) Ortopnea.
d) Ripnea.

11. La serie de respiraciones irregulares en profundidad, interrumpidas por intervalos de apnea se denomina respiración de:

a) Biot.
b) Bouchut.
c) Kussmaul.
d) Cheyne-Stokes.

12. ¿En qué tipo de gráficas existe un apartado también para la medicación?

a) En Gráficas mensuales.
b) En Gráficas semanales.
c) En Gráficas ordinarias.
d) En Gráficas especiales.

13. En ausencia de patología, en el ritmo respiratorio normal la fase inspiratoria es más corta que la espiratoria en una proporción:

a) 2:1.
b) 3:1.
c) 4:1.
d) 5:1.

14. En un adulto joven y sano la presión sistólica es de:

a) 180 mmHg.
b) 155 mmHg.
c) 130 mmHg.
d) 100 mmHg.

15. La temperatura ambiente a la hora de tomar la tensión arterial debe estar sobre los:

a) 10 ºC.
b) 22 ºC.
c) 30 ºC.
d) 35 ºC.

16. La hipotensión postural se denomina también:

a) Idiopática.
b) Esencial.
c) Ortostática.
d) Paradójica.

17. Los valores normales para la vena cava de PVC es de:

a) 0 y 4 cm de H_2O.
b) 2 y 6 cm de H_2O.
c) 6 y 12 cm de H_2O.
d) 14 a 20 cm de H_2O.

18. ¿Cuál es el componte más importante del cuerpo humano?

a) El sodio.
b) El postasio.
c) El agua.
d) La sal.

19. El espacio situado entre las células se denomina espacio:

a) Extracelular.
b) Intracelular.
c) Intersticial.
d) Intravascular.

20. ¿Cuál es el catión más abundante en el espacio intracelular?

a) Sodio.
b) Hidrógeno.
c) Potasio.
d) Cloruro.

21. ¿Cómo se denomina la presión que la sangre ejerce en el interior de las venas que entran en el corazón?

a) Presión arterial central (PAC).
b) Presión diastólica (PD).
c) Presión venosa central (PVC).
d) Tensión arterial (TA).

22. ¿De cuántas personas se requiere para tomar el pulso apical-radial?

a) De 1 persona.
b) De 2 personas.
c) De 3 personas.
d) De ninguna, lo hace una máquina.

23. ¿Qué circunstancia o fase que se da en la respiración nos permite tomar esta constante?

a) El ritmo respiratorio.
b) La inspiración.

c) La espiración.
d) La suspiración.

24. La TA se mide en:

a) mm de Hg.
b) mm de Ag.
c) Bares.
d) Pascales.

25. ¿Qué materia no necesitaremos para la toma de la PVC?

a) Tensiómetro.
b) Llave de tres pasos.
c) Envase de suero fisiológico.
d) Vía central canalizada, bien con acceso central o periférico.

26. ¿Cuál es un valor habitual de temperatura basal en personas mayores?

a) 37,5–38 °C
b) 36,5–37,5 °C
c) 35,5–36,5 °C
d) 34,0–35,0 °C

27. En una persona mayor, ¿qué puede indicar un aumento de 1 °C respecto a su temperatura basal sin llegar a 38 °C?

a) Reacción alérgica leve.
b) Cambio de estación.
c) Signo de infección significativa.
d) Nivel de hidratación adecuado.

Solución al test n.º 9

1. c) Respiración.

2. a) Nunca debe dejar registrado su nombre en la hoja de incidencias de enfermería pero siempre el del paciente.

3. d) Sensor timpánico.

4. d) Niños mayores de 6 años.

5. d) 100 pulsaciones/minuto.

6. b) Pleno.

7. a) En la punta del corazón.

8. a) Para valorar la frecuencia, el ritmo, el volumen y la tensión del pulso, que pueden reflejar un problema general.

9. b) Posición de sentado.

10. a) Apnea.

11. a) Biot.

12. d) En Gráficas especiales.

13. b) 3:1.

14. c) 130 mmHg.

15. b) 22 ºC.

16. c) Ortostática.

17. c) 6 y 12 cm de H_2O.

18. c) El agua.

19. c) Intersticial.

20. c) Potasio.

21. c) Presión venosa central (PVC).

22. b) De 2 personas.

23. b) La inspiración.

24. a) mm de Hg.

25. a) Tensiómetro.

26. c) 35,5–36,5 °C

27. c) Signo de infección significativa.

Medicamentos en geriatría: vías y técnicas de administración

1. Toda sustancia empleada en la fabricación de un medicamento, ya permanezca inalterada, se modifique o desaparezca en el transcurso del proceso, se llama:

a) Excipiente.
b) Coadyuvante.
c) Materia prima.
d) Principio activo.

2. ¿Cómo se denomina todo medicamento que tenga la misma composición cualitativa y cuantitativa en principios activos y la misma forma farmacéutica, y cuya bioequivalencia con el medicamento de referencia haya sido demostrada por estudios adecuados de biodisponibilidad?

a) Medicamento especial.
b) Medicamento magistral.
c) Medicamento de investigación.
d) Medicamento genérico.

3. ¿Cómo se consideran las «premezclas para piensos medicamentosos» elaboradas para ser incorporadas a un pienso?

a) Medicamentos de uso humano.
b) Medicamentos de uso veterinario.
c) Medicamentos de terapia génica.
d) Medicamentos de origen humano.

4. La farmacodinamia estudia:

a) Los efectos de los fármacos en el organismo.
b) La aplicación de los fármacos en el ser humano con la finalidad de curar o de alterar voluntariamente una función normal.
c) Las reacciones adversas y las enfermedades producidas por los medicamentos.
d) La evolución de un fármaco en el organismo tras su administración por distintas vías, identificando los metabolitos y las modalidades de eliminación.

5. Cuando digo aspirina me estoy refiriendo a:

a) La marca registrada (nombre comercial).
b) Nombre científico.
c) Nombre químico.
d) Nombre genérico.

6. ¿Qué mecanismo de acción de fármacos serán aquellos en los que no intervienen estructuras biológicas especializadas (receptores)?

a) Estocástico.
b) No específico.
c) Específico.
d) Variable.

7. ¿Qué órgano se encarga de la eliminación de los metabolitos?

a) Esófago.
b) Estómago.
c) Hígado.
d) Páncreas.

8. El paso del fármaco de la sangre a los tejidos dependerá de su fijación a:

a) Proteínas plasmáticas.
b) Lípidos serológicos.
c) Glúcidos plasmáticos.
d) ATP circulante.

9. El efecto primario pretendido, es decir, la razón por la cual se prescribe el fármaco, con una dosis mínima eficaz es el efecto:

a) Secundario.
b) Lateral.
c) Terapéutico.
d) Adverso.

10. ¿Qué medicamentos de estos son formas farmacéuticas líquidas?

a) Polvos.
b) Sellos.
c) Emulsiones.
d) Geles.

11. ¿Cuál es la parte de la farmacología que estudia el movimiento de los fármacos en el organismo en función del tiempo y la dosis, desde que se administra hasta su eliminación total?

a) Farmacología clínica.
b) Farmacodinamia.
c) Farmacocinética.
d) Farmacognosia.

12. ¿Cómo se denomina el procedimiento que se lleva a cabo con la hoja de tratamiento correspondiente, para asegurarse al mismo tiempo del nombre del paciente, número de habitación y cama, medicamento y dosis a administrar, vía y horario?

a) Comprobación de los 5 errores o los 5 correctos.
b) Comprobación de la filiación del enfermo.
c) Comprobación de los 8 errores.
d) Nada de lo anterior es cierto.

13. Todo lo que se expone de la administración de un fármaco por vía oral es cierto, excepto que:

a) Puede y debe administrarse un medicamento preparado por otra persona (si requiere lo mismo).
b) No se deben administrar medicamentos en un recipiente mal rotulado.
c) No se debe perder de vista el carrito unidosis o bandeja de medicamentos.
d) Los medicamentos no usados nunca se regresan a los recipientes, se desechan o bien se avisa a farmacia.

14. ¿Qué afirmación es cierta respecto a la administración oftálmica?

a) No deben aplicarse las gotas estando la persona de pie o sentada, solo se pondrá si está en decúbito.
b) Nunca se eliminará el exceso de medicación con una gasa limpia.
c) Se limpiarán los ojos de secreciones con una gasa estéril empapada en una solución irrigante, utilizando una gasa diferente para cada ojo con el fin de no contaminar o extender la infección.
d) No se debe tirar del parpado inferior y sí del superior, para aplicar el medicamento.

15. Los sistemas percutáneos se corresponden con la vía:

a) Tópica.
b) Intratecal.
c) Intraneural.
d) Transdérmica.

16. ¿Qué vía es parenteral directa?

a) Vía subcutánea.
b) Vía intraósea.
c) Vía intraarterial.
d) Son ciertas las respuestas a) y c).

17. ¿Cuál es el motivo por el que se evita la perfusión venosa en las piernas de medicamentos?

a) No existe ningún motivo, y se hace habitualmente en la práctica.
b) Mayor riesgo de infecciones.
c) Mayor riesgo de hemorragias.
d) Mayor riesgo de tromboflebitis.

18. ¿Qué otro nombre recibe la vía subcutánea?

a) Vía transdérmica.
b) Vía intradérmica.
c) Vía hipodérmica.
d) Vía subdérmica.

19. ¿Qué vía de esta es intrarraquídea?

a) Vía intratecal.
b) Vía intraarticular.
c) Vía intraperitoneal.
d) Vía intraótica.

20. Se recomienda y considera, según la OMS, que todos los medicamentos tienen una vigencia máxima, desde su fecha de fabricación, de:

a) 1 año.
b) 3 años.
c) 5 años.
d) 10 años.

21. Un cosmético puede ser:

a) Forma farmacéutica de un principio activo o placebo, que se investiga o se utiliza como referencia en un ensayo clínico.
b) Medicamento destinado a un paciente individualizado, preparado por un farmacéutico, o bajo su dirección, para cumplimentar expresamente una prescripción facultativa detallada y dispensado en oficina de farmacia.

c) Toda sustancia o preparado destinado a ser puesto en contacto con las diversas partes superficiales del cuerpo humano, con el fin exclusivo de limpiarlos, perfumarlos, modificar su aspecto, protegerlos, mantenerlos en buen estado o corregir los olores corporales.
d) Nada de lo anterior puede ser cierto.

22. La entrada del fármaco al organismo es:

a) La penetración en la célula.
b) La absorción del mismo.
c) La distribución del mismo.
d) El metabolismo.

23. ¿A qué se denomina introducir el fármaco en el organismo?

a) A la absorción.
b) A la inyección.
c) A la administración.
d) Nada de lo anterior.

24. ¿Cuál de estas no es una complicación local de la punción venosa?

a) Shock.
b) Hematoma.
c) Flebitis.
d) Extravasación de la perfusión.

25. La temperatura de conservación de los medicamentos termolábiles debe estar comprendida entre:

a) (-2)-1 ºC.
b) 2-8 ºC.
c) 6-10 ºC.
d) 8-14 ºC.

Solución al test n.º 10

1. c) Materia prima.

2. d) Medicamento genérico.

3. b) Medicamentos de uso veterinario.

4. a) Los efectos de los fármacos en el organismo.

5. a) La marca registrada (nombre comercial).

6. b) No específico.

7. c) Hígado.

8. a) Proteínas plasmáticas.

9. c) Terapéutico.

10. c) Emulsiones.

11. c) Farmacocinética.

12. a) Comprobación de los 5 errores o los 5 correctos.

13. a) Puede y debe administrarse un medicamento preparado por otra persona (si requiere lo mismo).

14. c) Se limpiarán los ojos de secreciones con una gasa estéril empapada en una solución irrigante, utilizando una gasa diferente para cada ojo con el fin de no contaminar o extender la infección.

15. d) Transdérmica.

16. c) Vía intraarterial.

17. d) Mayor riesgo de tromboflebitis.

18. c) Vía hipodérmica.

19. a) Vía intratecal.

20. c) 5 años.

21. c) Toda sustancia o preparado destinado a ser puesto en contacto con las diversas partes superficiales del cuerpo humano, con el fin exclusivo de limpiarlos, perfumarlos, modificar su aspecto, protegerlos, mantenerlos en buen estado o corregir los olores corporales.

22. b) La absorción del mismo.

23. c) A la administración.

24. a) Shock.

25. b) 2-8 ºC.

TEST N.º 11

Limpieza, desinfección y esterilización del material. Asepsia y antisepsia

1. ¿Qué tipo de agentes utiliza más frecuentemente la asepsia para conseguir matar y eliminar los microorganismos?

a) Agentes mecánicos.
b) Agentes físicos.
c) Agentes biológicos.
d) Agentes químicos.

2. El material estéril:

a) No posee ningún tipo de microorganismo patógeno.
b) No posee gérmenes tipo virus, bacterias y hongos.
c) No posee ningún tipo de microorganismo patógeno, ni microorganismo no patógeno, e incluso ni siquiera sus formas de resistencia.
d) No posee ningún tipo de microorganismo patógeno y no patógeno.

3. ¿Qué termino es sinónimo de antisepsia en la práctica?

a) Descontaminación.
b) Desinfección.
c) Esterilización.
d) Desinfestación.

4. ¿Cómo se denomina al conjunto de técnicas destinadas a la eliminación de los artrópodos?

a) Desinsectación.
b) Desinfección.
c) Esterilización.
d) Desinfestación.

5. ¿Qué insecticidas en la práctica se consideran los más importantes?

a) Asfixiantes.
b) Fumigantes.
c) Repelentes.
d) Por contacto.

6. ¿A qué grupo de insecticidas pertenece el famoso DDT?

a) Asfixiantes.
b) Fumigantes.
c) Repelentes.
d) Por contacto.

7. ¿Dónde incluirías a la aguja de Reverdin en la clasificación del instrumental quirúrgico?

a) En instrumental de Hemostasia.
b) En instrumental de sutura.
c) En instrumental de disección.
d) En instrumental de corte.

8. Dentro de la clasificación de bisturíes entra:

a) Tijeras para suturas.
b) Pinzas de Kelly.
c) Las lancetas.
d) Catgut.

9. Las pinzas utilizadas para hemostasia de menor tamaño son:

a) Pean.
b) Kelly.
c) Kocher.
d) Mosquito.

10. El instrumental quirúrgico de síntesis es el instrumental:

a) De talla o campo.
b) De sutura.
c) De hemostasia.
d) De exposición.

11. ¿Cómo se denomina el instrumental quirúrgico que sirve para que el campo operatorio esté libre y las maniobras del cirujano puedan hacerse con seguridad?

a) Instrumental quirúrgico de disección.
b) Instrumental quirúrgico de exposición.
c) Instrumental quirúrgico de aprehensión.
d) Instrumental quirúrgico de sutura.

12. Las pinzas Duval-Collin son instrumentales quirúrgicos de:

a) Aprehensión.
b) De sutura.
c) De hemostasia.
d) De exposición.

13. ¿Qué es falso de un buen desinfectante?

a) Es aquel que no es tóxico ni corrosivo.
b) Es aquel que es de bajo costo y de olor agradable.
c) Es aquel que posee un espectro reducido de acción.
d) Es aquel que es biodegradable y se puede usar diluido en agua o alcohol.

14. Una esterilización destruye o elimina:

a) Todos los gérmenes patógenos.
b) Todos los gérmenes no patógenos.
c) Las formas de resistencia o esporas.
d) Todo lo anterior.

15. ¿Qué rayos solares son considerados desinfectantes?

a) Los rayos actínicos.
b) Los rayos ultravioletas.
c) Los rayos infrarrojos.
d) Los rayos láser.

16. ¿Cómo se denomina el material sanitario que requiere de asepsia total?

a) Crítico.
b) Semicrítico.
c) No crítico.
d) Desinfectado.

17. Una prótesis de la cabeza femoral la incluirías dentro del material sanitario:

a) Crítico.
b) Semicrítico.
c) No crítico.
d) Desinfectado.

18. ¿Qué elementos de estos es de fijación?

a) Vendas.
b) Hule.
c) Celulosa.
d) Algodón hidrófilo.

19. ¿Cada cuánto se limpia el mobiliario de la habitación del paciente?

a) Se limpia cada día.
b) Se limpia cada tres días.
c) Se limpia una vez a la semana.
d) Se limpia una vez al mes.

20. ¿Cuál es la base de la realización del procedimiento de limpieza-descontaminación?

a) Realizar una observación de cómo están los materiales antes de ser llevados a la central de esterilización.
b) Hacer una limpieza preliminar y no definitiva del material e instrumental antes de ser llevados a la central de esterilización.
c) Efectuar una limpieza de los materiales, de forma que queden completamente limpios para ser llevados así a la central de esterilización.
d) Esencialmente descontaminar con seguridad los materiales antes de ser llevados a la central de esterilización, aunque no estén limpios al 100 %.

21. ¿Qué agentes físicos es el más utilizado por la asepsia para conseguir matar y eliminar los microorganismos?

a) El más utilizado es el calor seco, exclusivamente.
b) El más utilizado es el calor húmedo, exclusivamente.
c) El más utilizado es el frío, exclusivamente.
d) El más utilizado es el calor seco o/y el calor húmedo.

22. ¿Cuál es la pinza hemostática parecida a la de Kelly, pero se diferencia de ella en que presenta un tramo de ranuras más largo, y se utiliza como esta para el clamps de vasos sanguíneos?

a) Pinza de Pean.
b) Pinza de Crile.

c) Pinza de Allis.
d) Pinza de Mosquito.

23. ¿Qué procedimiento de estos no es químico como desinfectante?

a) Flujo laminal.
b) Clorhexidina.
c) Povidona yodada.
d) Lejía.

24. ¿Por qué otro material han sustituido en hospitales y centros de salud las jeringas de vidrio?

a) Por jeringas de material biodegradable.
b) Por jeringas de acero inoxidable.
c) Por jeringas desechables de plástico.
d) Por jeringas de derivados de la madera (prensado).

25. ¿Cómo se denominas todos aquellos materiales de los que se vale el personal sanitario para realizar exploraciones, curas e intervenciones quirúrgicas?

a) Útil.
b) Material.
c) Objeto.
d) Instrumento.

26. ¿Qué método se emplea para la destrucción de todos los microorganismos y formas de resistencia de los mismos (esporas)?

a) Antisepsia.
b) Desinfección.
c) Esterilización.
d) Fumigación.

27. ¿Cuál de estos mecanismos de acción no se emplea en esterilización?

a) Muerte por calor.
b) Muerte por frío.
c) Muerte por agente químico.
d) Muerte por radiación.

28. ¿Cuál de estas técnicas de esterilización es en "frío"?

a) Mediante autoclave.
b) Mediante horno Pasteur.

c) Mediante flameado.
d) Mediante radiación gamma.

29. ¿Cuál de las siguientes ventajas e inconvenientes del autoclave es falsa?

a) Es un medio de esterilizar barato, sencillo, rápido y eficaz.
b) Es aplicable a una gran gama de materiales.
c) Las altas temperaturas de la técnica desestructura el material.
d) Son correctas todas las respuestas anteriores.

30. ¿Qué procedimiento de esterilización por calor es aquel que consiste en el uso de hornos crematorios para quemar el material de un solo uso y otros contaminados biológicamente?

a) Flameado.
b) Horno Pasteur.
c) Poupinel.
d) Incineración.

31. ¿Qué envoltorio del material a esterilizar es el más utilizado es la estufa Poupinel?

a) Bolsas de vidrio.
b) Bolsas de plomo.
c) Bolsas de aluminio.
d) Bolsas de plástico termorresistente.

32. ¿En cuál de estas técnicas de esterilización no son utilizados los métodos químicos?

a) En óxido de etileno.
b) En glutaraldehído.
c) En formol.
d) En el flameado.

33. ¿Cuánto tiempo debe estar inmerso el material que se va a esterilizar con glutaraldehído al 2 %?

a) 10 minutos.
b) 1 hora.
c) 5 horas.
d) 10 horas.

34. ¿Dónde se sitúa normalmente el Servicio de esterilización en un Hospital?

a) En su planta más alta.
b) En planta baja o sótano.

c) Siempre en la planta 3.ª
d) No importa donde se ubique.

35. ¿Cuál de estos riesgos es general en el servicio de esterilización?

a) Deshidratación por excesivo calor.
b) Caídas y cortes.
c) Quemadura en zona de incineración.
d) Explosión por uso inadecuado de óxido de etileno.

36. ¿Mediante qué procedimiento hoy día en los autoclaves modernos se comprueban las condiciones físicas de los aparatos?

a) Mediante impresión de los registros o gráfico directo de los registros de presión, tiempo y temperatura.
b) Mediante sensor térmico.
c) Mediante sensor de presión.
d) Mediante sensor de variables.

37. ¿Cuál de estos métodos de control no corresponde a controles físicos?

a) Los termómetros.
b) Los manómetros.
c) Los tubos testigos.
d) Los medidores de humedad.

38. ¿Dónde se colocan los indicadores colorimétricos como medio de control químico esencialmente térmico que comprueban si la esterilización ha funcionado?

a) Se colocan dentro del paquete a esterilizar y en zonas del interior del autoclave de difícil acceso.
b) Se colocan en el exterior en forma de cinta autoadhesiva y en zonas del interior del autoclave de difícil acceso.
c) Se colocan en el exterior en forma de cinta autoadhesiva y dentro del paquete.
d) Se colocan en el exterior en forma de cinta autoadhesiva, dentro del paquete y en zonas del interior del autoclave de difícil acceso.

39. ¿Qué técnicas de medio de control químico (testigo) se realizan en esterilización?

a) Técnicas azufradas.
b) Técnicas colorimétricas.
c) Técnicas olorimétricas.
d) Las respuestas a) y c) son correctas.

40. ¿De qué depende el período que dura una esterilización?

a) Depende del tipo de control biológico realizado y del tipo de envoltorio empleado.
b) Depende del tipo de envoltorio utilizado y del medio de transporte empleado.
c) Depende del tipo de envoltorio utilizado, de las condiciones de almacenamiento, del tipo de material, y del transporte empleado, entre otros.
d) Depende del tipo de control físico, químico y biológico realizado.

41. ¿Qué se emplea para el transporte del material esterilizado si es voluminoso?

a) Se utilizan grúas especiales.
b) Se utilizan carretillas abiertas.
c) Se utilizan bolsas de plástico cerradas.
d) Se utilizan carros herméticos.

42. El material esterilizado que se vaya a almacenar en las plantas debe ser utilizado en:

a) 6-12 horas.
b) 24-48 horas.
c) 48-72 horas.
d) 72-96 horas.

43. ¿Cuál es el tiempo de caducidad del material esterilizado dentro de las bolsas o papel mixto envasado doble y empleado para autoclaves?

a) De 3 meses.
b) De 6 meses.
c) De 9 meses.
d) De 12 meses.

44. ¿Cuál es el tiempo de caducidad del material esterilizado en las condiciones de triple barrera?

a) 1 mes.
b) 2 meses.
c) 3 meses.
d) 6 meses.

45. ¿Cuál es el tiempo de caducidad del material esterilizado dentro de los contenedores con protección de filtro?

a) 1 mes.
b) 2 meses.
c) 3 meses.
d) 6 meses.

46. Corrientemente los agentes químicos producen esterilización mediante:

a) Transferencia y alquilación.
b) Reducción y transformación.
c) Carboxilación y reducción.
d) Oxidación y alquilación.

47. ¿A partir de qué temperatura destruimos las esporas a través de técnicas de calor húmedo?

a) A partir de 100 ºC.
b) A partir de 121 ºC.
c) A partir de 125 ºC.
d) A partir de 90 ºC.

48. ¿Qué humedad debe haber dentro de la cámara cuando se quiere esterilizar un material con óxido de etileno?

a) 10 %.
b) 25 %.
c) 50 %.
d) 90 %.

49. ¿Qué área del hospital es el mayor cliente del Servicio de esterilización?

a) Área de celadores.
b) Área quirúrgica.
c) Área pediátrica.
d) Área de Medicina Interna.

50. ¿Cada cuánto tiempo se debe realizar un control físico en las autoclaves modernas?

a) Cada semana.
b) Cada mes.
c) Cada trimestre.
d) Antes de finalizar el ciclo de esterilización y antes de extraer el contenido.

Solución al test n.º 11

1. b) Agentes físicos.

2. c) No posee ningún tipo de microorganismo patógeno, ni microorganismo no patógeno, e incluso ni siquiera sus formas de resistencia.

3. b) Desinfección.

4. a) Desinsectación.

5. d) Por contacto.

6. d) Por contacto.

7. b) En instrumental de sutura.

8. c) Las lancetas.

9. d) Mosquito.

10. b) De sutura.

11. b) Instrumental quirúrgico de exposición.

12. a) Aprehensión.

13. c) Es aquel que posee un espectro reducido de acción.

14. d) Todo lo anterior.

15. b) Los rayos ultravioletas.

16. a) Crítico.

17. a) Crítico.

18. a) Vendas.

19. a) Se limpia cada día.

20. c) Efectuar una limpieza de los materiales, de forma que queden completamente limpios para ser llevados así a la central de esterilización.

21. d) El más utilizado es el calor seco o/y el calor húmedo.

22. b) Pinza de Crile.

23. a) Flujo laminal.

24. c) Por jeringas desechables de plástico.

25. d) Instrumento.

26. c) Esterilización.

27. b) Muerte por frío.

28. d) Mediante radiación gamma.

29. d) Son correctas todas las respuestas anteriores.

30. d) Incineración.

31. c) Bolsas de aluminio.

32. d) En el flameado.

33. d) 10 horas.

34. b) En planta baja o sótano.

35. b) Caídas y cortes.

36. a) Mediante impresión de los registros o gráfico directo de los registros de presión, tiempo y temperatura.

37. c) Los tubos testigos.

38. d) Se colocan en el exterior en forma de cinta autoadhesiva, dentro del paquete y en zonas del interior del autoclave de difícil acceso.

39. b) Técnicas colorimétricas.

40. c) Depende del tipo de envoltorio utilizado, de las condiciones de almacenamiento, del tipo de material, y del transporte empleado, entre otros.

41. d) Se utilizan carros herméticos.

42. b) 24-48 horas.

43. d) De 12 meses.

44. c) 3 meses.

45. d) 6 meses.

46. d) Oxidación y alquilación.

47. b) A partir de 121 ºC.

48. c) 50 %.

49. b) Área quirúrgica.

50. d) Antes de finalizar el ciclo de esterilización y antes de extraer el contenido.

TEST N.º 12

**Alimentación y nutrición. Principios fundamentales.
Características de la alimentación en la persona mayor.
Administración de alimentos**

1. ¿A qué se denomina la forma y manera de proporcionar al organismo los alimentos que le son indispensables?

a) Nutrición.
b) Alimentación.
c) Metabolismo.
d) Asimilación.

2. ¿Cómo se denominan los alimentos que están destinados fundamentalmente a la formación y renovación de los tejidos humanos, tanto en la fase de construcción o crecimiento como en la renovación de tejidos en los adultos?

a) Energéticos.
b) Vitamínicos.
c) Plásticos.
d) Reguladores.

3. ¿Qué alimentos son aquellos cuya composición principal son las proteínas y el calcio?

a) Alimentos reguladores.
b) Alimentos biocatalizadores.
c) Alimentos energéticos.
d) Alimentos plásticos.

4. Las frutas pertenecen en la nueva rueda de alimentos al grupo:

a) VI.
b) V.
c) IV.
d) III.

5. La base de la pirámide de alimentación saludable está compuesta de:

a) Recomendaciones de estilos de vida saludable (equilibrio emocional, actividad física diaria, ingesta adecuada de agua…).
b) Tomar alimentos de la dieta mediterránea.
c) Alimentos de consumo opcional y moderado.
d) Alimentos de consumo variado y diario.

6. La ingesta adecuada de agua diaria está en torno a los:

a) 1,5 litros.
b) 2 litros.
c) 2,5 litros.
d) 3,5 litros.

7. La regla de las tres erres, también conocida como 3R se aplican a la alimentación:

a) Variable.
b) Opcional.
c) Sostenible.
d) Saludable.

8. ¿Quién pone directamente en marcha y desarrolla la estrategia NAOS?

a) La Sociedad Española de Nutrición Comunitaria (SENC).
b) La Agencia Española de Seguridad Alimentaria y Nutrición (AESAN).
c) La Secretaría de Estado de Consejos dietéticos, mediante el programa EDALNU del Ministerio de Sanidad.
d) El Ministerio de Innovación, Desarrollo e Industria.

9. ¿Qué carne de estas consideras con más grasa?

a) La carne de cordero.
b) La carne de ternera.
c) La carne de conejo.
d) La carne de caballo.

10. ¿Cuál es la unidad de energía tradicionalmente empleada en nutrición y que sigue usándose con carácter generalizado?

a) El julio (J).
b) La Caloría grande (Cal).
c) El grado centígrado (ºC).
d) El ergio (erg).

11. Empleando la fórmula de Harris y Benedict del metabolismo basal diremos que un varón de 35 kg de peso, 1,40 m de talla y 11 años de edad, será aproximadamente de:

a) 700.
b) 850.
c) 1100.
d) 2100.

12. ¿Qué factor se estos es el que más influye en la multiplicación de microorganismos?

a) Las calorías de los alimentos.
b) La temperatura del medio.
c) La presión atmosférica.
d) La presencia o no de otros gérmenes.

13. ¿Qué agentes bióticos de los siguientes son mas productores de toxiinfecciones alimentarias?

a) Hongos.
b) Bacterias.
c) Protozoos.
d) Parásitos.

14. ¿Cuál es la fuente más importante de contaminación de intoxicaciones químicas de origen alimentario de forma directa sobre frutas y verduras que ingerimos, o indirecta tras la ingesta de lo anterior de animales?

a) El estiércol de origen animal.
b) Los mercuriales.
c) Los insecticidas.
d) El riego con agua contaminada.

15. ¿Qué aminoácido es esencial?

a) Prolina.
b) Cisteína.
c) Triptófano.
d) Alanina.

16. ¿Qué principios inmediatos son sustancias energéticas?

a) Grasas.
b) Grasas y proteínas.
c) Azúcares y proteínas.
d) Grasas y azúcares.

17. ¿Cuál de estos nutrientes se considera micronutriente (imprescindibles en pequeñas cantidades)?

a) Vitaminas.
b) Azúcares.
c) Proteínas.
d) Grasas.

18. El retinol es un constituyente de la vitamina:

a) Vitamina A.
b) Vitamina B_2.
c) Vitamina C.
d) Vitamina D.

19. ¿Con qué término se corresponde esta definición: «la técnica y el arte de utilizar los alimentos de la forma adecuada, partiendo del conocimiento profundo del organismo humano y de los alimentos, para proponer y promover formas de alimentación, variada, suficiente y equilibrada»?

a) Dietoterapia.
b) Nutrición.
c) Bromatología.
d) Dietética.

20. Un IMC (índice de Masa Corporal) de 27, según Garrow, estaría en el grado de obesidad:

a) No obesidad.
b) Leve.
c) Moderada.
d) Grave.

21. ¿Qué alimentos incluirías en el grupo de reguladores?

a) Aceite y tocino.
b) Pan.
c) Frutas y verduras.
d) Leche.

22. ¿Qué alimento consideras que es de consumo ocasional, según la pirámide de alimentación saludable?

a) Carnes rojas.
b) Leche.
c) Pescado y mariscos.
d) Aceite de oliva.

23. En el Sistema Internacional la unidad de energía es:

a) El julio (J).
b) La Caloría (Cal).
c) El grado centígrado (ºC).
d) El ergio (erg).

24. ¿Qué aminoácido no es esencial?

a) Triptófano.
b) Valina.
c) Fenilalanina.
d) Alanina.

25. La piridoxina es la vitamina:

a) A.
b) B_1.
c) C.
d) B_6.

Solución al test n.º 12

1. b) Alimentación.

2. c) Plásticos.

3. d) Alimentos plásticos.

4. a) VI.

5. a) Recomendaciones de estilos de vida saludable (equilibrio emocional, actividad física diaria, ingesta adecuada de agua…).

6. c) 2,5 litros.

7. c) Sostenible.

8. b) La Agencia Española de Seguridad Alimentaria y Nutrición (AESAN).

9. a) La carne de cordero.

10. b) La Caloría grande (Cal).

11. c) 1100.

12. b) La temperatura del medio.

13. b) Bacterias.

14. c) Los insecticidas.

15. c) Triptófano.

16. d) Grasas y azúcares.

17. a) Vitaminas.

18. a) Vitamina A.

19. d) Dietética.

20. b) Leve.

21. c) Frutas y verduras.

22. a) Carnes rojas.

23. a) El julio (J).

24. d) Alanina.

25. d) B_6.

TEST N.º 13

Trastornos de la eliminación urinaria. Control de diuresis. Alteraciones intestinales. Cuidados al mayor incontinente

1. El compuesto mayoritario de la orina es:

a) Urea.
b) Creatinina.
c) Oxalatos.
d) Agua.

2. ¿Cómo se denomina el volumen de orina diario?

a) Poliuria.
b) Voliuria.
c) Enuresis.
d) Diuresis.

3. La diuresis normal en un individuo adulto está en torno a:

a) 500 ml.
b) 600 ml.
c) 1450 ml.
d) 2100 ml.

4. Si la emisión de orina es inferior a 500 ml diarios tendremos un caso de:

a) Poliuria.
b) Anuria.
c) Polaquiuria.
d) Oliguria.

5. Existe leucocituria si las cifras de glóbulos blancos en orina por mm3 superan los:

a) 1000 leucocitos.
b) 2500 leucocitos.

c) 5000 leucocitos.
d) 8000 leucocitos.

6. Si orino muchas veces al día (aunque sea poco volumen) tengo una:

a) Poliuria.
b) Disuria.
c) Enuresis.
d) Polaquiuria.

7. Si me duele al orinar tengo una:

a) Anuria.
b) Disuria.
c) Nicturia.
d) Polaquiuria.

8. La presencia de pus en la orina se denomina:

a) Bacteriuria.
b) Leucocitira.
c) Pusuria.
d) Piuria.

9. ¿Qué aspecto de los que se nombran presentará la orina con hepatitis vírica activa (ictericia)?

a) Amarillo oscuro.
b) Coluria.
c) Amarillo pálido.
d) Rojiza (hematuria).

10. El olor dulzón de la orina se observa en:

a) Proteinuria intensas.
b) Acetonurias (acetonemias).
c) La toma de ciertos medicamentos (vitaminas del grupo B).
d) La toma de ciertos alimentos (espárragos).

11. ¿Qué efecto no se consigue con la irrigación vesical?

a) Disminuir la formación de coágulos.
b) Prevenir de la infección.
c) Conservar la permeabilidad del drenaje urinario.
d) Efecto diálisis.

12. ¿Qué tipo de incontinencia urinaria es la más frecuente?

a) Incontinencia de esfuerzo o estrés.
b) Incontinencia de urgencia.
c) Incontinencia neurológica.
d) Incontinencia paradójica.

13. ¿A qué se denomina la presencia de hematuria asociada a alteraciones agudas de la función renal, tales como: oliguria, retención nitrogenada o descenso del filtrado glomerular, así como la formación de edemas y/o hipertensión transitoria?

a) Síndrome nefrítico.
b) Preeclampsia.
c) Incontinencia urinaria.
d) Pieloefritis.

14. ¿Qué cálculos cálcicos son los más frecuentes en las litiasis renales?

a) Cálculos de cistina.
b) Cálculos de uratos.
c) Cálculos de oxalatos.
d) Cálculos de xantina.

15. El aumento anormal de la concentración sanguínea en los productos de desecho nitrogenados se denomina:

a) Azoemia.
b) Acreatinemia.
c) Lipasemia.
d) Uricemia.

16. ¿Cómo se denomina la segunda fase de una insuficiencia renal aguda?

a) Oligúrica.
b) Anúrica.
c) Diurética.
d) De recuperación.

17. ¿Cómo se denomina el procedimiento de introducción de una sonda por la uretra hasta la vejiga de la orina?

a) Uretración.
b) extubación uretral.
c) Sondaje vesical.
d) Intubación vesical.

18. La cantidad de orina que permanece en la vejiga después de evacuar se denomina:

a) Diuresis residual.
b) Orina de almacenamiento vesical.
c) Orina residual.
d) Orina retenida.

19. ¿En qué zona de la pared abdominal duele cuando existe cólico hepático?

a) Epigastrio.
b) Mesogastrio.
c) Hipocondrio derecho.
d) Hipocondrio izquierdo.

20. ¿Qué forma clínica de pancreatitis es aquella que se refiere a alteraciones pancreáticas irreversibles que dan síntomas de forma continuada y progresiva?

a) Pancreatitis aguda.
b) Pancreatitis recidivante.
c) Pancreatitis crónica.
d) Ninguna de las anteriores.

21. ¿Cuál es la posición más aconsejable para efectuar un tacto rectal?

a) Posición de Sims o de decúbito prono.
b) Posición genupectoral.
c) Posición de Morestín.
d) Posición de Sims o de decúbito lateral izquierdo.

22. Las heces acólicas generalmente informan de:

a) Obstrucción biliar, sin secreción de bilis.
b) Hemorragia en tracto intestinal inferior.
c) Infección intestinal.
d) Hemorragia en tracto intestinal superior.

23. Los vómitos fecaloideos indican normalmente:

a) Obstrucción intestinal.
b) Enfermedad metabólica.
c) Gastritis aguda.
d) Trombosis hemorroidal.

24. ¿Qué volumen poseerá la jeringa de alimentación que se emplea en sondaje nasogástrico?

a) Jeringa de alimentación de 5 a 10 ml.
b) Jeringa de alimentación de 10 a 25 ml.

c) Jeringa de alimentación de 50 a 100 ml.
d) Jeringa de alimentación de 150 a 300 ml.

25. ¿En qué posición se colocará a un paciente en sondaje nasogástrico?

a) En posición de Roser.
b) En posición de Fowler.
c) En posición de SIMS izquierdo.
d) En posición de Morestín.

26. ¿Qué sonda nasogástrica es la más empleada?

a) Sonda de Salem.
b) Sonda de Cantor.
c) Sonda de Levin.
d) Sonda de Foucher.

27. ¿Qué sonda esofagogástrica es la más empleada en hemorragias por roturas de varices esofágicas?

a) Millet-Abbot.
b) Cantor.
c) Foucher.
d) Sengstaken.

28. ¿Qué se usa para evacuar los gases del intestino ante un intenso meteorismo?

a) Sonda rectal.
b) Enema de limpieza.
c) Sonsa nasogástrica.
d) Nada.

Solución al test n.º 13

1. d) Agua.

2. d) Diuresis.

3. c) 1450 ml.

4. d) Oliguria.

5. c) 5000 leucocitos.

6. d) Polaquiuria.

7. b) Disuria.

8. d) Piuria.

9. b) Coluria.

10. b) Acetonurias (acetonemias).

11. d) Efecto diálisis.

12. a) Incontinencia de esfuerzo o estrés.

13. a) Síndrome nefrítico.

14. c) Cálculos de oxalatos.

15. a) Azoemia.

16. c) Diurética.

17. c) Sondaje vesical.

18. c) Orina residual.

19. c) Hipocondrio derecho.

20. c) Pancreatitis crónica.

21. a) Posición de Sims o de decúbito prono.

22. a) Obstrucción biliar, sin secreción de bilis.

23. a) Obstrucción intestinal.

24. c) Jeringa de alimentación de 50 a 100 ml.

25. b) En posición de Fowler.

26. c) Sonda de Levin.

27. d) Sengstaken.

28. a) Sonda rectal.

TEST N.º 14

Cuidados básicos e higiene personal. La movilización de la persona mayor dependiente. Prevención de la integridad cutánea

1. ¿Qué elemento o elementos anatómicos de estos no pertenece al sistema tegumentario?

a) Piel.
b) Pelos.
c) Uñas.
d) Cartílagos.

2. El tejido celular subcutáneo de la piel se denomina:

a) Dermis.
b) Hipodermis.
c) Epidermis.
d) Tejido de Malpighio.

3. ¿Dónde no hay glándulas sebáceas?

a) En axilas.
b) En plantas del pie y palmas de las manos.
c) En cuero cabelludo.
d) En cara.

4. ¿Cómo se denomina la parte de las uñas que se observa en sus zonas proximales en forma de zona blanquecina semicircular?

a) Cutícula.
b) Lúnula.
c) Bulbo.
d) Médula.

5. ¿Cómo se denomina la lesión primaria de la piel, elevada, circunscrita, infiltrada, producida por inflamación crónica y que deja cicatriz cuando resuelve?

a) Tubérculo.
b) Roncha.
c) Habón.
d) Vesícula.

6. ¿Qué lesión elemental primaria de la piel es aquella que se manifiesta sobreelevada y de contenido sólido, inferior a 1 cm de diámetro?

a) Pápula.
b) Mácula.
c) Púrpura.
d) Ampolla.

7. ¿Qué lesión secundaria y elemental de la piel es producida por desecación de exudados o sangre?

a) Pústula.
b) Escama.
c) Costra.
d) Liquenificación.

8. Una erosión en la piel se define como aquella lesión elemental que se manifiesta como:

a) Una pérdida superficial de la epidermis que cura sin cicatriz.
b) Una solución de continuidad que afecta a epidermis y dermis papilar.
c) Una pérdida de sustancia que afecta a epidermis, dermis y tejido subcutáneo.
d) Una pequeña elevación cutánea parecida a la ampolla pero contiene en su interior pus.

9. ¿Qué dermatosis es muy frecuente en adolescencia (hasta en el 80 %)?

a) Acné.
b) Psoriasis.
c) Vitíligo.
d) Forúnculos.

10. ¿Qué infección de la piel es vírica?

a) Psoriasis.
b) Herpes simple.
c) Forúnculo.
d) Escabiosis.

11. La denominada vulgarmente como "ladilla" la ocasiona:

a) *Pediculis humanus capitis.*
b) *Pediculis humanus corporis.*
c) *Phthirus pubis.*
d) *Pediculis scrotae.*

12. La escabiosis es otra denominación de:

a) La sarna.
b) La pediculosis.
c) La psoriasis.
d) El nevus cutáneo.

13. La afección de la piel conocida como "manchas vino de Oporto" se corresponde a:

a) Nevus azul.
b) Angiomas planos.
c) Angiomas cavernosos.
d) Nevus melanocítico congénito o adquirido.

14. ¿Qué es falso del melanoma?

a) Es un tumor maligno de la piel.
b) Se da más frecuentemente en sujetos de piel oscura o morena intensa, sin necesidad de exponerse al sol.
c) Es un melanoma con poca o nada de pigmentación es un factor de mal pronóstico.
d) Es más frecuentes en mujeres.

15. ¿Qué baño es aquel que, aun conservando la movilidad, el paciente no puede levantarse, por lo que él asume su higiene siendo auxiliado en caso necesario por la enfermera?

a) Baño completo en la cama.
b) Baño en la cama.
c) Baño parcial.
d) Baño kinestésico.

16. ¿Qué elementos o materiales necesarios para el aseo del paciente son de lavado?

a) Hule.
b) Manta de baño.
c) Esponjas y guantes.
d) Cuña.

17. El lavado de cabellos del paciente debe realizarse aproximadamente:

a) Todos los días.
b) Cada tres días.
c) Una vez a la semana.
d) Depende de la suciedad que este tenga.

18. ¿Cuál debe ser la temperatura del agua para el baño, si se realiza la técnica del baño completo en la cama?

a) 180 ºC.
b) 22-24 ºC.
c) 30-32 ºC.
d) 37-40 ºC.

19. ¿En qué posición debe colocarse al paciente para llevar a cabo la higiene del cabello?

a) En posición de Trendelenburg.
b) En posición de Roser o Proetz.
c) En posición de Morestín.
d) En posición de Sims.

20. ¿Qué zona de la uña indica la incógnita de la imagen?

a) Placa ungueal.
b) Lúnula.
c) Eponiquio.
d) Cutícula.

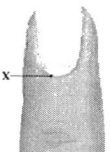

21. ¿Qué calibre posee la piel en las zonas donde esta cubierta es más gruesa?

a) ≥ 15 mm.
b) ≥ 10 mm.
c) ≥ 4 mm.
d) ≥ 0,5 mm.

22. ¿Qué lesión es aquella que se manifiesta como una induración de la piel con pérdida de su elasticidad, provocada fundamentalmente por fibrosis de la dermis?

a) Liquenificación.
b) Esclerosis.
c) Excoriación.
d) Quiste.

23. ¿Qué enfermedad de la piel posee un componente etiológico familiar?

a) Psoriasis.
b) Herpes simple.
c) Herpes zóster.
d) Pediculosis.

24. La queratosis actínica degenera malignizándose en un 20 % de casos a cánceres:

a) Espinocelulares o escamosos.
b) Sarcomas.
c) Melanomas.
d) Cánceres basocelulares.

25. El orinal plano es un material o elemento de:

a) Evacuación.
b) Protección.
c) Lavado.
d) Recambio.

26. El desarrollo de un programa de ejercicios encaminado a conseguir el restablecimiento de las funciones disminuidas por la enfermedad es:

a) Movilización.
b) Fisioterapia.
c) Masoterapia.
d) Nada de lo anterior.

27. ¿Qué causa física del inmovilismo es fisiológica?

a) La artrosis.
b) La osteoporosis.
c) La enfermedad de Parkinson.
d) Las producidas por el envejecimiento de las personas.

28. Considerando exclusivamente la fuerza, el ángulo de tracción óptimo para cualquier músculo es de:

a) 30 grados.
b) 45 grados.
c) 60 grados.
d) 90 grados.

29. Las úlceras por presión se evitan:

a) Con una sistemática de cambios posturales frecuentes.
b) La necesidad de una aplicación adecuada de buenas posiciones no es prioritaria.
c) Tomando todos los días la medicación recomendada.
d) Son ciertas las respuestas a) y c).

30. ¿Qué paso a seguir es incorrecto en el procedimiento para mover a un enfermo hacia el borde de la cama?

a) El auxiliar se ubicará en el lado de la cama hacia donde se moverá al enfermo.
b) Quitar toda la ropa de la cama, incluso la sábana encimera.
c) Colocar el brazo del paciente que se encuentre más cercano a nosotros a lo largo de su tórax.
d) Colocar un pie delante del otro y flexionar las rodillas.

31. ¿Qué es falso del procedimiento de ayudar a un enfermo a ponerse de pie desde la cama colocando previamente al mismo en posición de decúbito lateral?

a) Elevar el segmento superior de la cama hasta conseguir un ángulo comprendido entre 45 y 60º.
b) Nos colocamos en la posición opuesta a las caderas del paciente y pasamos nuestro brazo más cercano a los hombros del enfermo por debajo de ellos, mientras que el otro brazo lo colocamos sobre el muslo más lejano.
c) Girar hacia la pierna de detrás de forma que las piernas del paciente se columpien hacia adelante y nuestro peso cambie a la pierna de atrás y con ello logramos que el enfermo esté sentado en el borde de la cama.
d) El tipo de posicionamiento previo en decúbito lateral debe ser el contrario con el lado hacia el cual se va a levantar al paciente.

32. ¿Qué maniobra es la primera que hay que hacer si queremos transferir un enfermo de la cama a un sillón?

a) Colocar el sillón paralelo a la cama y a la altura de los pies.
b) Colocar al paciente en la orilla de la cama.
c) Sentar al paciente en la cama con las piernas por fuera.
d) Colocar el sillón paralelo al familiar del paciente.

33. ¿Qué pacientes requerirán de mayor atención del TCAE para cubrir sus necesidades básicas y para llevar a cabo con ellos posturas corregidas para evitar que se produzcan complicaciones? Enfermos...

a) No colaboradores.
b) Con traumatismo espinal con un aumento de la presión intracraneal.
c) Hemipléjicos.
d) Ninguno de los anteriores.

34. ¿Cuántos kg se aplican en la tracción esquelética para obtener el efecto terapéutico?

a) 3 a 6.
b) 4,5 a 8.
c) 7 a 12.
d) 10 a 20.

35. ¿Quién debe supervisar los sistemas y conexiones del respirador, así como los tubos y cánulas, para proceder de forma adecuada a la movilización de un paciente asistido por ventilación artificial?

a) Un celador.
b) Un Técnico en Cuidados Auxiliares de Enfermería.
c) Un diplomado en enfermería.
d) Puede supervisarlo cualquiera de los anteriores.

36. ¿Qué es lo primero a efectuar antes de hacer un traslado?

a) Indicar al paciente qué vas a hacer.
b) Presentarte a la supervisora e indicarle tu misión.
c) Hacer traslado con seguridad y bienestar para el paciente si no es urgente.
d) Esperar a que la persona responsable se haga cargo del paciente en destino.

37. ¿Qué es incorrecto a la hora de transportar a un paciente en una silla de ruedas?

a) Siempre se empuja por detrás, excepto cuando se sale o entra en el ascensor.
b) Cuando se cruza una puerta de hojas elásticas, se volverá la silla y pasará el auxiliar o celador antes que el paciente, caminando hacia atrás.
c) Si se baja una rampa, el celador o auxiliar caminará hacia atrás.
d) El traslado hacia un vehículo cuando es dado de alta un paciente se efectuará colocando la silla perpendicular al coche sin necesidad de frenarla (la frena el propio vehículo) y con los reposapiés levantados.

38. ¿Para qué se realizan los ejercicios de amplitud de movimientos?

a) Para mantener la movilidad de las articulaciones.
b) No valen para prevenir las contracturas.
c) No ayudan a preparar a la persona que ha estado tiempo encamada para deambular.
d) No evitan atrofias.

39. ¿Qué finalidad poseen los ejercicios isométricos?

a) Ayudar a preparar a la persona que ha estado tiempo encamada a deambular.
b) Fortalecer y tonificar los músculos.

c) Ayudar a preparar a la persona que ha estado tiempo en sedestación a deambular.
d) Nada de lo anterior es cierto.

40. La posición de mantenerse parado en ambos pies se denomina:

a) Fowler.
b) Bipedestación.
c) Anatómica.
d) Sedestación.

41. ¿Qué indicaciones son las más frecuentes de las muletas de aluminio?

a) Esguinces.
b) Enfermos tetrapléjicos.
c) Enfermos parapléjicos.
d) Son ciertas las respuestas b) y c).

42. ¿Cuál de estas ayudas es autoestable?

a) Pasamanos.
b) Barras paralelas.
c) Bastones multipodales.
d) Ninguna de las anteriores.

43. ¿Qué define la OMS como la consecuencia de cualquier acontecimiento que precipita al paciente al suelo en contra de su voluntad?

a) Traumatismo.
b) Suicidio.
c) Caída.
d) Accidente.

44. ¿Cómo se denominan los factores de riesgo de caídas que están relacionados con las condiciones generales del propio individuo?

a) Constitucionales.
b) Extrínsecos.
c) Intrínsecos.
d) Precipitantes.

45. ¿Qué es lo primero que hay que hacer ante la realidad de que la caída se ha producido?

a) Evaluación de la misma.
b) Intervenir modificando los elementos desencadenantes.

c) Intervenir modificando los elementos precipitantes.

d) Realizar un croquis de las circunstancias.

46. Cuando la movilización la realiza el propio paciente con la supervisión (sin ayuda física) del profesional sanitario, se dice que es:

a) Activa.

b) Activa auxiliada.

c) Pasiva supervisada.

d) Pasiva.

47. ¿En qué situación de estas está contraindicada la movilidad del paciente?

a) Pacientes no colaboradores.

b) Pacientes inconscientes.

c) Enfermos con traumatismo craneoencefálico.

d) Enfermos con depresión.

48. ¿Cuántos kg se aplican en una extremidad en la tracción cutánea para obtener el efecto terapéutico?

a) 2 a 3.

b) 3 a 6.

c) 4,5 a 8.

d) 7 a 12.

49. ¿Qué posición debe adoptar el paciente al inicio de la deambulación?

a) Posición de pie correcta.

b) Unidestación.

c) Anatómica.

d) Sedestación.

50. ¿Cómo se denominan los dispositivos metálicos que por medio de una bomba hidráulica y de determinados complementos, permiten la elevación, transporte y acomodamiento de personas en diferentes lugares (cama, baño, etc.)?

a) Rueda de hombros.

b) Grúas.

c) Bipedestadores.

d) Jaula de Böhler.

51. ¿Qué es lo más importante de lo que se expone en relación con las úlceras por presión a nivel sanitario?

a) Su tratamiento.

b) Su diagnóstico.

c) Su prevención.
d) Conocer sus causas.

52. ¿En qué personas se dan más úlceras por presión?

a) En personas encamadas.
b) En personas con buena movilidad.
c) En personas bien nutridas.
d) Nada de lo anterior es cierto.

53. ¿Qué causa de estas es neurológica o nerviosa en la génesis de la úlcera por presión?

a) Parálisis.
b) Arteriosclerosis.
c) Alteraciones de la microcirculación.
d) Todo lo anterior es cierto.

54. ¿Cuáles son los planos duros que ejercen presión para que se dé la úlcera por presión?

a) El colchón o asiento sobre el que reposa el enfermo y por otro la superficie ósea del paciente.
b) Las sábanas o colchas empleadas y las manos de los cuidadores.
c) Las manos de los cuidadores y el colchón o asiento sobre el que reposa el enfermo.
d) Las manos de los cuidadores y la superficie ósea del paciente.

55. ¿Qué tipo de enfermo de estos puede tener la consciencia alterada y por ello ser más susceptible a padecer úlceras por presión?

a) Enfermos psiquiátricos sometidos a fuertes dosis de sedantes.
b) Enfermos incontinentes.
c) Enfermos con Síndrome de Cushing.
d) Ninguno de los anteriores.

56. Se padecerá de úlcera por presión cuando haya circunstancias favorables y se dé un apoyo cutáneo que sobrepase como mínimo:

a) Media hora.
b) Una hora.
c) Dos a tres horas.
d) Veinte horas.

57. En posición de sentado, la úlcera por presión aparecerá más frecuentemente en:

a) La tuberosidad isquiática.
b) La tuberosidad púbica.

c) Los acromiones.
d) Los olécranos.

58. ¿Cómo se denominan las úlceras por presión acaecidas por mecanismos de presión y roce derivados del uso de materiales empleados en un tratamiento?

a) Mecánicas.
b) Físicas.
c) Iatrogénicas.
d) Idiopáticas.

59. La aparición de úlcera iatrogénica en muñecas y pies, suele ser por:

a) Agresiones indebidas del sanitario.
b) Sujeciones mecánicas.
c) Autolesiones.
d) No se producen.

60. ¿En qué estadio está una úlcera por presión (según la *Agency for Health Care and Research*) cuando aparece un eritema que no cede al retirar el estímulo de presión en piel intacta?

a) Estadio I.
b) Estadio II.
c) Estadio III.
d) Estadio IV.

61. ¿Cómo se denomina la última fase de formación de la úlcera de presión o forma más evolucionada?

a) Fase final de exitus.
b) Fase escoriativa.
c) Fase eritematosa.
d) Fase necrótica.

62. ¿Qué estadio es la preúlcera según la clasificación del *Grupo Nacional para el Estudio y Asesoramiento sobre las Úlceras por Presión y el Grupo Europeo de Úlceras por Presión*?

a) Estadio 0.
b) Estadio 1.
c) Estadio a.
d) Estadio A.

63. ¿Cuántos parámetros se valoran en la Escala de Norton?

a) 3.
b) 4.

c) 5.
d) 6.

64. Si la incontinencia del paciente es urinaria y fecal, en ese parámetro de la Escala de Norton obtendría una puntuación de:

a) 4.
b) 3.
c) 2.
d) 1.

65. ¿Qué puntuación presentaría un paciente (Escala de Norton) con úlcera por presión que presenta un estado físico general regular, una actividad disminuida, sin incontinencia, y está sentado y confuso?

a) 24.
b) 20.
c) 13.
d) 9.

66. ¿Qué factor o factores de riegos se miden en la Escala de Braden en pacientes con úlceras por presión?

a) Percepción sensorial (capacidad para reaccionar ante una molestia relacionada con la presión).
b) Estado físico.
c) Estado mental.
d) Incontinencia.

67. ¿Cuántos parámetros se valoran en la Escala de Braden?

a) 3.
b) 4.
c) 5.
d) 6.

68. ¿Cuál es la base para la prevención y el tratamiento de las úlceras por presión?

a) Sequedad de la cama y sus útiles.
b) Sequedad de la piel del paciente y adecuada nutrición de la misma.
c) Una planificación de los cuidados de enfermería basada en la continuidad sistemática de los mismos.
d) Son ciertas las respuestas a) y b).

69. ¿Cada cuánto tiempo deben realizarse los cambios de posición en pacientes con riesgos a úlceras por presión?

a) Cada 2-3 horas.
b) Cada 4-6 horas.
c) Cada 6-8 horas.
d) Cada 12 horas.

70. ¿Cuándo no está contraindicado el masaje en la UPP?

a) Nunca está contraindicado, es aconsejable.
b) Siempre está contraindicado, está prohibido ya que la agrava.
c) Cuando no agrava la preúlcera.
d) Si la zona aún no tiene enrojecimiento (eritema).

71. ¿Cuál es el mecanismo físico principal para la patogenia de la úlcera por presión (o UPP)?

a) Presión continua tisular, relacionada con su intensidad.
b) Aumento local de temperatura a nivel tisular.
c) Disminución local de temperatura a nivel tisular.
d) Bloqueo sensorial a nivel tisular.

72. ¿Qué lugar de los siguientes es el más frecuente donde se da la úlcera por presión?

a) Rodilla.
b) Dedos de los pies.
c) Región abdominal.
d) Sacro.

73. ¿Cómo se denomina la fase de formación de la úlcera por presión que se caracteriza por la aparición de erosión y/o flictena y más tarde coloración grisácea o negruzca que indica la necrosis del tejido subcutáneo, acompañado de dolor local?

a) Fase de inicio.
b) Fase escoriativa.
c) Fase eritematosa.
d) Fase necrótica.

74. ¿Quiénes recomiendan la Escala de Braden en la valoración de los riesgos de padecer úlcera de presión?

a) Agency USAE.
b) NURSING.
c) La GNEAUPP (Grupo Nacional para el Estudio y Asesoramiento sobre las Úlceras por Presión).
d) Todas las instituciones anteriores.

75. ¿Por debajo de qué valor en la Escala de Braden existe alto riesgo de úlcera por presión? Por debajo de...

a) 20.
b) 17.
c) 13.
d) 9.

Solución al test n.º 14

1. d) Cartílagos.

2. b) Hipodermis.

3. b) En plantas del pie y palmas de las manos.

4. b) Lúnula.

5. a) Tubérculo.

6. a) Pápula.

7. c) Costra.

8. a) Una pérdida superficial de la epidermis que cura sin cicatriz.

9. a) Acné.

10. b) Herpes simple.

11. c) Phthirus pubis.

12. a) La sarna.

13. b) Angiomas planos.

14. b) Se da más frecuentemente en sujetos de piel oscura o morena intensa, sin necesidad de exponerse al sol.

15. b) Baño en la cama.

16. c) Esponjas y guantes.

17. c) Una vez a la semana.

18. d) 37-40 ºC.

19. b) En posición de Roser o Proetz.

20. c) Eponiquio.

21. c) ≥ 4 mm.

22. b) Esclerosis.

23. a) Psoriasis.

24. a) Espinocelulares o escamosos.

25. a) Evacuación.

26. a) Movilización.

27. d) Las producidas por el envejecimiento de las personas.

28. d) 90 grados.

29. a) Con una sistemática de cambios posturales frecuentes.

30. b) Quitar toda la ropa de la cama, incluso la sábana encimera.

31. d) El tipo de posicionamiento previo en decúbito lateral debe ser el contrario con el lado hacia el cual se va a levantar al paciente.

32. a) Colocar el sillón paralelo a la cama y a la altura de los pies.

33. c) Hemipléjicos.

34. c) 7 a 12.

35. c) Un diplomado en enfermería.

36. b) Presentarte a la supervisora e indicarle tu misión.

37. d) El traslado hacia un vehículo cuando es dado de alta un paciente se efectuará colocando la silla perpendicular al coche sin necesidad de frenarla (la frena el propio vehículo) y con los reposapiés levantados.

38. a) Para mantener la movilidad de las articulaciones.

39. b) Fortalecer y tonificar los músculos.

40. b) Bipedestación.

41. a) Esguinces.

42. c) Bastones multipodales.

43. c) Caída.

44. c) Intrínsecos.

45. a) Evaluación de la misma.

46. a) Activa.

47. c) Enfermos con traumatismo craneoencefálico.

48. a) 2 a 3.

49. a) Posición de pie correcta.

50. b) Grúas.

51. c) Su prevención.

52. a) En personas encamadas.

53. a) Parálisis.

54. a) El colchón o asiento sobre el que reposa el enfermo y por otro la superficie ósea del paciente.

55. a) Enfermos psiquiátricos sometidos a fuertes dosis de sedantes.

56. c) Dos a tres horas.

57. a) La tuberosidad isquiática.

58. c) Iatrogénicas.

59. b) Sujeciones mecánicas.

60. a) Estadio I.

61. d) Fase necrótica.

62. a) Estadio 0.

63. c) 5.

64. d) 1.

65. c) 13.

66. a) Percepción sensorial (capacidad para reaccionar ante una molestia relacionada con la presión).

67. d) 6.

68. c) Una planificación de los cuidados de enfermería basada en la continuidad sistemática de los mismos.

69. a) Cada 2-3 horas.

70. d) Si la zona aún no tiene enrojecimiento (eritema).

71. a) Presión continua tisular, relacionada con su intensidad.

72. d) Sacro.

73. b) Fase escoriativa.

74. c) La GNEAUPP (Grupo Nacional para el Estudio y Asesoramiento sobre las Úlceras por Presión).

75. c) 13.

TEST N.º 15

Prevención de accidentes y primeros auxilios. Soporte vital básico

1. Consideramos que lo ideal sería que supieran técnicas de RCP:

a) Todo el personal sanitario.
b) Todo el personal de primera intervención.
c) Todos los ciudadanos.
d) Todo el personal que trabaje en un servicio sanitario.

2. El estilo Utstein en el soporte vital básico es:

a) Un acuerdo a nivel mundial para consensuar definiciones relacionadas con la RCP.
b) La principal asociación de indicaciones en RCP a nivel europeo.
c) La secuencia de actuación correcta ante una emergencia clínica.
d) Todas son ciertas.

3. El primer eslabón de la cadena de supervivencia es:

a) RCP básica.
b) Desfibrilación precoz.
c) Activación de los servicios de emergencia.
d) Soporte vital avanzado.

4. El número seleccionado en toda Europa para la activación de los servicios de emergencias es:

a) 112.
b) 061.
c) 060.
d) 092.

5. La causa más frecuente de parada cardiorrespiratoria en adultos es:

a) Torsades de pointes.
b) FV.

c) FA.
d) Enfermedad terminal.

6. Para despejar la vía aérea usaremos la técnica de:

a) Tracción mandibular.
b) VOS.
c) Insuflaciones.
d) Dedo en gancho.

7. La secuencia correcta entre MCE (masaje cardiaco externo) e insuflaciones es de:

a) 30/2.
b) 15/2.
c) 30/1.
d) Depende del número de reanimadores.

8. ¿Cuál de las siguientes afirmaciones sobre el boca a boca es falsa?

a) Debemos tapar los orificios nasales.
b) Debemos sellar la boca del paciente con nuestra boca.
c) Se realizarán 2 insuflaciones cada 30 compresiones.
d) Se realizará una insuflación profunda para mejorar la oxigenación.

9. Consideraremos una obstrucción como parcial si:

a) El paciente no se encuentra atragantado.
b) El paciente puede respirar y toser.
c) El paciente no puede toser.
d) El paciente se encuentra consciente.

10. Ante una hemorragia:

a) Deberemos dar agua para reponer el volumen perdido.
b) Deberemos usar un torniquete.
c) Deberemos hacer compresión sobre la herida.
d) Deberemos aplicar calor seco.

11. La cánula de Guedel:

a) Es una cánula orofaríngea.
b) Se utiliza para mantener la vía aérea permeable.
c) Es un tubo de plástico abierto en su interior.
d) Todas las respuestas son ciertas.

12. Es un ritmo desfibrilable:

a) TVSP.
b) Asistolia.
c) Sinusal.
d) Bloqueo completo.

13. Si está indicada la descarga con el desfibrilador deberemos estar seguros de que:

a) El ritmo es desfibrilable.
b) El nivel de julios es el correcto.
c) Nadie toca al paciente.
d) El DESA tiene baterías.

14. ¿Cuándo se suspende la RCP básica?

a) Cuando la valoración nos indica que el paciente presenta una PCR.
b) Cuando el paciente necesita una descarga eléctrica.
c) Cuando el reanimador está exhausto.
d) Todas las respuestas son ciertas.

15. En los niños las técnicas de RCP se inician con:

a) 30 compresiones.
b) 2 ventilaciones.
c) 5 ventilaciones.
d) 15 compresiones.

16. La secuencia ideal entre compresiones y ventilaciones en los niños es de:

a) 30/2.
b) 15/2.
c) 30/1.
d) 15/5.

17. La realización de la RCP en niños debe hacerse con el niño:

a) En PLS.
b) En decúbito prono sobre una superficie dura.
c) En decúbito supino sobre una superficie dura.
d) En la posición en la que nos encontramos al paciente evitando la movilización.

18. El área de compresión en los lactantes:

a) Es en la línea intermamilar, sobre el esternón.
b) Es en el mismo lugar que en los adultos.

c) Es con 3 dedos sobre la apófisis xifoides.
d) Es justo bajo la apófisis xifoides.

19. No se considera material para la apertura de la vía aérea:

a) Pinzas de Magill.
b) Guía de tubo.
c) Tubos orofaríngeos.
d) Tabla de RCP.

20. El sulfato de magnesio es:

a) Una catecolamina.
b) Un anticolinérgico.
c) Un antiarrítmico.
d) Un depresor del SNC.

21. En RCP consideramos finalizado el proceso si:

a) Se mantiene la circulación espontánea durante 20 minutos.
b) Llegan los servicios de emergencias extrahospitalaria.
c) Aparece respiración espontánea.
d) Todas las respuestas son ciertas.

22. Lo primero que se debe hacer en una situación de emergencia es:

a) Avisar a los servicios sanitarios.
b) Realizar una valoración del paciente.
c) Proteger a nosotros, al paciente y a la zona.
d) Socorrer al herido.

23. Para utilizar un ambú de forma correcta debemos situarnos:

a) Detrás de la cabeza del paciente.
b) Entre sus hombros.
c) De rodilla junto a su tórax.
d) En el sitio que podamos.

24. Para mantener abierta la vía aérea en un lactante la posición de la cabeza debe ser:

a) En hiperextensión.
b) En posición neutra.
c) En hipoextensión.
d) Solo se mantendrá abierta con una cánula orofaríngea.

25. En un niño que presenta una obstrucción de la vía aérea completa deberemos:

a) Iniciar secuencia de RCP.
b) Realizar 5 insuflaciones de rescate.
c) Realizar la maniobra frente–mentón para mantener la vía aérea abierta.
d) Alternar 5 compresiones torácicas con 5 golpes interescapulares.

26. Una patología que puede llevar a la muerte y que debe ser atendida en un tiempo inferior a una hora, según la OMS, es:

a) Un accidente.
b) Un siniestro.
c) Una urgencia.
d) Una emergencia.

27. El mayor pico de mortalidad originado en los politraumatizados es:

a) En la primera hora.
b) En las primeras 24 horas.
c) En las semanas posteriores.
d) La mortalidad en los politraumatizados no presenta un pico reconocido.

28. ¿Cuál es el orden en el que se debe realizar una evaluación en un paciente politraumatizado en la valoración secundaria?

a) Primero se debe realizar un examen neurológico, seguido de una exploración en busca de lesiones externas.
b) Primero se debe realizar un examen neurológico, seguido de una exploración de cabeza, cuello, tórax y abdomen.
c) La evaluación debe comenzar por la exploración de la cabeza, para seguir con cuello, abdomen y pelvis, y finalizar con un examen neurológico.
d) La evaluación debe comenzar por la exploración de cabeza, cuello, tórax, abdomen, pelvis, extremidades y finalizar con un examen neurológico.

29. ¿Qué es un traumatismo craneoencefálico?

a) Un impacto violento recibido por un sujeto en las regiones craneal y facial.
b) Un impacto recibido por un sujeto en la región craneal.
c) Una pérdida estructural de una parte del cuerpo.
d) La pérdida del conocimiento por un impacto violento en la región craneal.

30. En la inspección de las pupilas en una valoración neurológica de un paciente con trau-matismo craneoencefálico, una relación entre ambas pupilas disocóricas quiere decir que:

a) Ambas pupilas son iguales.
b) Las pupilas no reaccionan.

c) Las pupilas son desiguales.
d) Las pupilas tienen forma irregular.

31. Para valorar la extensión de una quemadura se usa:

a) La regla de los 9.
b) La regla de Wallace.
c) La regla de los 10.
d) Las respuestas a) y b) son correctas.

32. ¿Qué es la uremia?

a) Es una pérdida de conciencia debido a una baja cantidad de glucosa en sangre.
b) Es una pérdida de conciencia debido a una alta cantidad de glucosa en sangre.
c) Es una complicación grave de las enfermedades del riñón, que puede provocar un estado de somnolencia capaz de llevar al coma.
d) Es una complicación leve de las enfermedades del riñón, que puede provocar un estado de somnolencia capaz de llevar al coma.

33. Las catecolaminas producen:

a) Vasoconstricción arterial y venosa, desvía el flujo de sangre de órganos no vitales a los vitales.
b) Elevación de frecuencia cardiaca y respiratoria.
c) Elevación de tensión arterial y gasto cardíaco.
d) Todas las respuestas son correctas.

34. Para poder elaborar un diagnóstico definitivo en un paciente intoxicado se debe recabar la máxima información posible. Se intentará conseguir:

a) Nombre del producto y cantidad del producto ingerido.
b) Vía de administración por la que se ha producido la ingesta y posibles mezclas.
c) Tiempo transcurrido desde la administración del producto y antecedentes patológicos previos del individuo.
d) Todas las respuestas son correctas.

35. ¿Cuál de los siguientes es el tratamiento para la intoxicación por paracetamol?

a) El tratamiento es sintomático.
b) El tratamiento indicado es el lavado gástrico incluso pasadas 12 horas, monitorización cardiaca y administración de bicarbonato sódico.
c) El tratamiento específico es la administración de su antídoto, N-acetilcisteína y si la ingesta es reciente están indicados el lavado gástrico y el carbón activado.
d) El tratamiento consiste en el lavado gástrico y carbón gástrico y la administración intravenosa de flumazenil.

36. ¿Cuál es la clínica de la intoxicación por litio?

a) Náuseas, vómitos, diarrea, ataxia, disartria, depresión del nivel de conciencia, convulsiones, poliuria e hiponatremia.
b) Sopor, pérdida de reflejos, hipotermia, hipotensión y trastornos motores.
c) Alteración del nivel de conciencia, depresión del SNC, ataxia, náuseas y vómitos.
d) Disartria, hiperreflexia, depresión respiratoria, convulsiones e hipotensión.

37. ¿Cuáles son las valoraciones que se deben hacer a un paciente con un traumatismo craneoencefálico?

a) Valoración respiratoria y neurológica.
b) Valoración circulatoria y externa en busca de heridas.
c) Valoración respiratoria, circulatoria y neurológica.
d) Valoración circulatoria e inspección, palpación y auscultación de la cabeza.

38. ¿Qué tres parámetros se evalúan en la atención de enfermería de un paciente con un traumatismo craneoencefálico para evaluar su conciencia?

a) Apertura de ojos, respuesta verbal y respuesta motora.
b) Apertura de ojos, respuesta pupilar ante un foco de luz y respuesta verbal.
c) La relación entre las pupilas, la presión intracraneal y la capacidad pulmonar.
d) Respuesta motora, respuesta verbal y respuesta pupilar a la luz.

39. Los signos y síntomas de las fracturas consisten en:

a) Hinchazón, cambios de color, mareos, náuseas, delirios.
b) Torpeza, sudoración, angustia, fatiga, hinchazón local, arritmias y cambios de humor.
c) Dolor, pérdida de función, deformidad, acortamiento, crepitación, hinchazón local y cambios de color.
d) Ninguna de las respuestas anteriores es cierta.

40. En las fracturas de huesos largos los fragmentos pueden presentar un traslado de:

a) 3 a 6 cm.
b) 1,5 a 5 cm.
c) 2,5 a 4,5 cm.
d) 2,5 a 5 cm.

41. ¿Cuál de estas corresponde al grado IV de fractura abierta?

a) Es una herida abierta de menos de 1 cm de longitud.
b) Es de mayor diámetro sin lesión extensa de los tejidos blandos.
c) No existe el grado IV de fractura abierta.
d) Es más grave, con lesión amplia de tejidos blandos y alto grado de contaminación.

42. ¿Cuál de las siguientes forma parte de los factores de cicatrización de las heridas?

a) Insomnio.
b) Huésped comprometido.
c) Ansiedad.
d) Sistema respiratorio.

43. Cuando la profundidad de la herida atraviesa el tejido subcutáneo hablamos de tipo:

a) Perforante.
b) Profunda.
c) Superficial.
d) Penetrante.

44. Forma parte de la actitud de enfermería en caso de hemorragia dental:

a) Informar al paciente de la necesidad de respirar por la boca y de evitar toser o realizar movimientos bruscos para que no se deshaga el coágulo que se forma.
b) Tomar las constantes vitales de forma continua.
c) Colocar un tapón de gasa humedecido en agua oxigenada en el lugar de la hemorragia e informar al paciente de que debe aprisionarlo fuertemente.
d) Trasladar al paciente al hospital.

45. Sabemos que es una hemorragia arterial cuando:

a) La sangre que brota lo hace de forma continua y babeante. Es de color rojo menos intenso que la sangre arterial (color rojo azulado).
b) La sangre es de color rojo intenso y sale a presión, siendo más acentuada la salida con la sístole cardiaca.
c) Brota de múltiples puntos en forma de sábana (como si de manantiales de agua se tratara). Es de color intermedio entre los dos anteriores.
d) La sangre es de color negro intenso y no se aprecia presión.

46. Para valorar el nivel de conciencia del politraumatizado usaremos el método:

a) VOS.
b) PAS.
c) ALEC.
d) ALLEN.

47. ¿Cuáles son las primeras medidas a poner en marcha en un esguince que se encuentra en un paciente politraumatizado mientras se realiza en la valoración secundaria?

a) Venda de sostén o presión y hielo o compresas frías alrededor de la articulación lesionada.
b) Reposo y elevación de la articulación.

c) Evitar la posición colgante de la articulación lesionada.

d) Todas las respuestas son correctas.

48. Diferenciaremos que la sintomatología de la contusión es en el deltoides porque:

a) La contusión suele provocar lumbalgias de tipo muscular.

b) La flexión dorsal suele estar muy limitada y es dolorosa.

c) La contusión puede provocar desde hombros dolorosos simples hasta hombros congelados con compresión nerviosa, que deberemos valorar.

d) La intensidad de la lesión por la limitación de la flexión activa y pasiva de la rodilla.

49. La infección de una herida quirúrgica se puede hacer evidente entre los:

a) 3 y 7 días del posoperatorio.

b) 1 y 8 días del posoperatorio.

c) 2 y 10 días del posoperatorio.

d) 2 y 11 días del posoperatorio.

50. Las heridas se manifiestan clínicamente por:

a) Dolor, hemorragia y separación de los bordes de la piel por la herida.

b) Dolor, contusión y membrana mucosa abierta.

c) Hemorragia, rotura de la piel y enrojecimiento de esta.

d) Rotura de la piel, dolor y hemorragia.

Solución al test n.º 15

1. c) Todos los ciudadanos.

2. a) Un acuerdo a nivel mundial para consensuar definiciones relacionadas con la RCP.

3. c) Activación de los servicios de emergencia.

4. a) 112.

5. b) FV.

6. a) Tracción mandibular.

7. a) 30/2.

8. d) Se realizará una insuflación profunda para mejorar la oxigenación.

9. b) El paciente puede respirar y toser.

10. c) Deberemos hacer compresión sobre la herida.

11. d) Todas las respuestas son ciertas.

12. a) TVSP.

13. c) Nadie toca al paciente.

14. c) Cuando el reanimador está exhausto.

15. c) 5 ventilaciones.

16. b) 15/2.

17. c) En decúbito supino sobre una superficie dura.

18. a) Es en la línea intermamilar, sobre el esternón.

19. d) Tabla de RCP.

20. c) Un antiarrítmico.

21. a) Se mantiene la circulación espontánea durante 20 minutos.

22. c) Proteger a nosotros, al paciente y a la zona.

23. a) Detrás de la cabeza del paciente.

24. b) En posición neutra.

25. d) Alternar 5 compresiones torácicas con 5 golpes interescapulares.

26. d) Una emergencia.

27. a) En la primera hora.

28. d) La evaluación debe comenzar por la exploración de cabeza, cuello, tórax, abdomen, pelvis, extremidades y finalizar con un examen neurológico.

29. a) Un impacto violento recibido por un sujeto en las regiones craneal y facial.

30. d) Las pupilas tienen forma irregular.

31. d) Las respuestas a) y b) son correctas.

32. c) Es una complicación grave de las enfermedades del riñón, que puede provocar un estado de somnolencia capaz de llevar al coma.

33. d) Todas las respuestas son correctas.

34. d) Todas las respuestas son correctas.

35. c) El tratamiento específico es la administración de su antídoto, N-acetilcisteína y si la ingesta es reciente están indicados el lavado gástrico y el carbón activado.

36. a) Náuseas, vómitos, diarrea, ataxia, disartria, depresión del nivel de conciencia, convulsiones, poliuria e hiponatremia.

37. c) Valoración respiratoria, circulatoria y neurológica.

38. a) Apertura de ojos, respuesta verbal y respuesta motora.

39. c) Dolor, pérdida de función, deformidad, acortamiento, crepitación, hinchazón local y cambios de color.

40. d) 2,5 a 5 cm.

41. c) No existe el grado IV de fractura abierta.

42. b) Huésped comprometido.

43. b) Profunda.

44. c) Colocar un tapón de gasa humedecido en agua oxigenada en el lugar de la hemorragia e informar al paciente de que debe aprisionarlo fuertemente.

45. b) La sangre es de color rojo intenso y sale a presión, siendo más acentuada la salida con la sístole cardiaca.

46. c) ALEC.

47. d) Todas las respuestas son correctas.

48. c) La contusión puede provocar desde hombros dolorosos simples hasta hombros congelados con compresión nerviosa, que deberemos valorar.

49. d) 2 y 11 días del posoperatorio.

50. a) Dolor, hemorragia y separación de los bordes de la piel por la herida.

TEST N.º 16

Cuidados paliativos básicos. Cuidados postmortem

1. ¿Qué aspecto de estos es clave que se dé en cuidados paliativos, siempre que sea posible?

a) La atención hospitalaria.
b) La atención en centro de salud habitual.
c) La atención en centro de salud especializado.
d) La atención domiciliaria.

2. Respecto a los cuidados paliativos no es cierto que:

a) Mejoran la calidad de vida de los pacientes y de sus familias.
b) Alivian el dolor y otros síntomas.
c) Aceleran la muerte.
d) Afirman la vida, y consideran la muerte como un proceso normal.

3. ¿Qué pronóstico (en meses) de vida es el promedio general en pacientes terminales?

a) Está limitado a 2 meses ($\pm$ 1).
b) Está limitado a 3 meses ($\pm$ 2).
c) Está limitado a 6 meses ($\pm$ 3).
d) Está limitado a 9 meses ($\pm$ 3).

4. ¿Qué principio básico, según Beauchamp y Childress, se sintetiza con la expresión latina *primum non nocere*?

a) Justicia.
b) No maleficencia.
c) Autonomía.
d) Beneficencia.

5. ¿En qué tipo de actuaciones se basan los cuidados paliativos?

a) Eutanasia.
b) Eugenesia.

c) Distanasia.
    d) Ortotanasia.

6. A toda acción que pretende terminar con la vida del enfermo para acabar con el sufrimiento se le denomina:

    a) Eutanasia.
    b) Distanasia.
    c) Eugenesia.
    d) Ortotanasia.

7. ¿Cuál de estos derechos que se nombran a continuación, de las personas adultas en situación terminal, no consideras que sea tal?

    a) Derecho a recibir atención médica y soporte personal.
    b) Derecho a la autodeterminación y a rechazar un tratamiento.
    c) Derecho a participar en la toma de decisiones relativas a las pruebas complementarias, aunque no en el tratamiento.
    d) Derecho a ser tratados con la mayor dignidad y a ver su dolor aliviado.

8. Respecto al reposo y al sueño del enfermo terminal es cierto que:

    a) Son infrecuentes las irregularidades en el patrón del sueño.
    b) No se deben dar hipnóticos para el sueño, aunque se prescriban por el facultativo.
    c) Hay que evitar que se sienta solo, y esto lo relaja y disminuye su estrés, favoreciendo que no se den las irregularidades del sueño.
    d) La causa del insomnio siempre es psicológica.

9. ¿Qué consejo en la alimentación en cuidados paliativos es incorrecto?

    a) No presionar o agobiar al paciente con la comida, intentando adaptarse al "gusto" del paciente.
    b) Presentar la comida de forma atractiva (la comida entra por los ojos).
    c) Fraccionar la dieta en seis o siete tomas al día (más veces, menos cantidad), evitando alimentos flatulentos, muy condimentados, o/y con olores intensos.
    d) Hay que obligar a comer a los pacientes, la falta de comida constituye una ded las causas de empeoramiento.

10. ¿Qué virus es el que más frecuentemente aparece en la boca de los enfermos que están recibiendo quimioterapia?

    a) Cándida.
    b) Virus de Epstein-Barr.
    c) Citomegalovirus.
    d) Herpes simple.

11. ¿Qué aspecto no posee el dolor agudo que sí lo posee el dolor crónico?

a) Posee una misión biológica.
b) Mejor vía de administración la analgesia oral/rectal.
c) Posee un comienzo de alivio rápido.
d) El paciente presenta un estado emocional ante el dolor de cansado/ansioso.

12. ¿Qué factor de esto disminuye el dolor?

a) Miedo.
b) Depresión.
c) Vejez.
d) Sueño.

13. ¿Qué dolor de estos no es nociceptivo?

a) El dolor somático, por estimulación de los receptores periféricos.
b) El dolor visceral, por infiltración, compresión o distensión de vísceras.
c) El dolor neuropático, por daño del Sistema Nervioso Central (dolor central) o periférico (desaferentización).
d) Todos son nociceptivos.

14. Todo lo que se expone del fentanilo es cierto, excepto que:

a) Es un opioide sintético.
b) El fentanilo tiene indicaciones diferentes a la morfina en el tratamiento de dolor crónico que no responda al segundo escalón de la OMS.
c) El principal inconveniente del fentanilo-TTS es su mala adherencia en pieles sudorosas o/y febriles.
d) El fentanilo está especialmente indicado en disfagia/odinofagia, cuando existe un escaso cumplimiento de la medicación oral y cuando se dan problemas en el tránsito gastrointestinal (ocasiona menos estreñimiento).

15. ¿Qué causa de la ansiedad se relaciona con las fases de duelo de la doctora Kübler-Ross?

a) Los problemas relacionados con efectos directos de la enfermedad o complicaciones médicas.
b) Las reacciones adaptativas como consecuencia de la aparición de cambios inevitables.
c) Los problemas derivados de la existencia previa de problemas psicológicos.
d) Aquellas derivadas de los efectos secundarios del tratamiento.

16. ¿Qué nivel de sedación presenta un paciente con una respuesta rápida a estímulos dolorosos/presión glabelar, según la escala de Ramsay?

a) Nivel de sedación II.
b) Nivel de sedación III.

c) Nivel de sedación IV.
d) Nivel de sedación V.

17. ¿Cómo se denomina la capacidad para comprender, aceptar y compartir los sentimientos del paciente (incluso de otras personas)?

a) Catarsis.
b) Empatía.
c) Reflexividad.
d) Eustrés.

18. ¿Qué respuestas es incorrecta?

a) Las familias necesitan atención al mismo tiempo que el paciente terminal.
b) Los familiares deben ser partícipes del plan de cuidados del paciente.
c) No es conveniente instruir a los familiares en los cuidados necesarios para el paciente.
d) El médico debe facilitar a la familia la mayor cantidad de información posible sobre el estado del paciente.

19. ¿Cuál de estas etapas de aceptación de la muerte (Kübler-Ross) suele ser cronológicamente la primera?

a) Ira.
b) Negociación.
c) Negación.
d) Aceptación.

20. ¿En qué fase según Spoken está el paciente terminal que aún no conoce el diagnóstico ni el alcance de la enfermedad, pero la familia sí?

a) Fase de despreocupación.
b) Fase de inseguridad.
c) Fase de negación.
d) Fase de comunicación de la verdad.

21. ¿Qué aspectos incluye la atención integral en Cuidados Paliativos?

a) Los aspectos exclusivamente físicos.
b) Los aspectos físicos, emocionales y espirituales.
c) Los aspectos físicos, sociales y espirituales.
d) Los aspectos físicos, emocionales, sociales y espirituales.

22. ¿Quiénes serán los responsables de dar los cuidados físicos de confort a un paciente terminal que se encuentra ingresado a nivel hospitalario?

a) Técnicos socio-sanitarios contratados por la familia.
b) TCAE del hospital.

c) Familiares a su cargo.
d) Médicos Especialistas en cuidados paliativos.

23. Las Escalas de Valoración Verbal (EVV) del dolor son:

a) Las Escala Intensiva del dolor (EID).
b) Las Escalas Descriptivas Simples (EDS).
c) Las Escalas Numéricas de Valoración (EVN).
d) La Escala Visual Analógica (EVA).

24. ¿Qué tipo de comunicación utiliza generalmente el paciente terminal corrientemente de forma más explícita para expresar emociones, actitudes y otras circunstancias de su personalidad?

a) No verbal.
b) Verbal.
c) Escrita.
d) Antipostural.

25. ¿Qué término procedente del latín, muy usado sanitariamente significa muerte?

a) Mortaja.
b) Sudario.
c) Éxitus.
d) Disfasia.

Solución al test n.º 16

1. d) La atención domiciliaria.

2. c) Aceleran la muerte.

3. c) Está limitado a 6 meses (± 3).

4. b) No maleficencia.

5. d) Ortotanasia.

6. a) Eutanasia.

7. c) Derecho a participar en la toma de decisiones relativas a las pruebas complementarias, aunque no en el tratamiento.

8. c) Hay que evitar que se sienta solo, y esto lo relaja y disminuye su estrés, favoreciendo que no se den las irregularidades del sueño.

9. d) Hay que obligar a comer a los pacientes, la falta de comida constituye una ded las causas de empeoramiento.

10. d) Herpes simple.

11. b) Mejor vía de administración la analgesia oral/rectal.

12. d) Sueño.

13. c) El dolor neuropático, por daño del Sistema Nervioso Central (dolor central) o periférico (desaferentización).

14. b) El fentanilo tiene indicaciones diferentes a la morfina en el tratamiento de dolor crónico que no responda al segundo escalón de la OMS.

15. b) Las reacciones adaptativas como consecuencia de la aparición de cambios inevitables.

16. c) Nivel de sedación IV.

17. b) Empatía.

18. c) No es conveniente instruir a los familiares en los cuidados necesarios para el paciente.

19. c) Negación.

20. a) Fase de despreocupación.

21. d) Los aspectos físicos, emocionales, sociales y espirituales.

22. b) TCAE del hospital.

23. b) Las Escalas Descriptivas Simples (EDS).

24. a) No verbal.

25. c) Éxitus.

El secreto Profesional. Aspectos deontológicos y legales

1. ¿A qué se denomina la parte del conocimiento humano que trata y se interesa de los principios y los conceptos base que están o deberían estar en el pensamiento y actividad humanos?

a) Filosofía.
b) Humanidades.
c) Psicología.
d) Ética.

2. ¿Qué conceptos de estos configuran el paradigma enfermero?

a) Cuidado y persona.
b) Persona y salud.
c) Cuidado, persona y salud.
d) Cuidado, persona, salud y de entorno.

3. ¿Cuándo aparece el primer código deontológico de enfermería?

a) En época de Galeno.
b) En época de Hipócrates.
c) En 1893 (Hospital Harper-Detroit).
d) Cuando aparece el primer código deontológico médico.

4. El conjunto de conceptos globales que identifican los fenómenos particulares de interés para una disciplina, así como las proposiciones globales que afirman las relaciones entre ellos, se llama:

a) Paradigma.
b) Proposición principal.
c) Metaparadigma.
d) Directiva.

5. La primera formulación a nivel ético e importante la constituye:

a) El «Juramento Hipocrático».
b) El «Juramento Sardónico».
c) Reglas de Moralidad de la Junta Suprema de Sanidad Española.
d) Declaración de Ginebra.

6. ¿Cuándo y dónde apareció el primer código deontológico enfermero de carácter internacional?

a) Siglo V a. C. elaborado por Hipócrates, en la antigua Grecia.
b) 1893, en el Hospital Harper (Detroit).
c) 1953, en el Congreso de Enfermería de Sao Paulo (Brasil).
d) 1973, en el Congreso de Enfermería de Oporto (Portugal).

7. Todo lo que se expone de las características de las normas éticas es cierto, excepto:

a) Las normas han de cumplirse obligatoriamente, están positivadas y obviamente están ligadas al Estado.
b) Su cumplimiento o no, no tiene repercusión social ni jurídica.
c) Son cumplidas mediante el convencimiento interno.
d) Se pueden plasmar escritas en códigos deontológicos cuyo cumplimiento es exigido de alguna manera por organizaciones colegiales o asociaciones profesionales.

8. ¿A qué se denomina un conjunto de creencias importantes, que se han ido consensuando a lo largo del tiempo y tienen verdadera importancia a nivel universal o bien a nivel regional en una cultura o pueblo?

a) Costumbre.
b) Cultura.
c) Valores.
d) Civismo.

9. ¿Qué aspecto o cuestión posee valor extrínseco?

a) Aire.
b) Agua.
c) Salud.
d) Alimentos.

10. ¿Cómo se denominan los valores del sujeto, que se refieren primordialmente a aquellos que contribuyen al mantenimiento de la vida?

a) Valores básicos.
b) Valores extrínsecos.
c) Valores intrínsecos.
d) Valores vitales.

11. Una desacreditación de una persona por medio de manifestaciones o declaraciones públicas para hacerle perder su reputación es:

a) Difamación.
b) Calumnia.
c) Negligencia.
d) Agresión.

12. ¿A qué se refiere cualquier circunstancia, dicho o hecho que perjudica a una persona en sus intereses, derechos o reputación respecto a terceros?

a) Difamación.
b) Calumnia.
c) Asalto.
d) Agravio.

13. ¿Cómo se denomina cuando un asalto se produce de forma que se toca o afecta el cuerpo de otra persona sin su debido consentimiento?

a) Agravio.
b) Imprudencia.
c) Negligencia.
d) Agresión.

14. ¿Cuál de estos no es un componente básico de los 8 que cita Mayeroff a desarrollar para disponer de la capacidad de cuidar?

a) Confianza
b) Prudencia.
c) Paciencia.
d) Honestidad y humildad.

15. ¿Qué componente de Mayeroff es aquel que nos indica que el cuidado se llevará a cabo entre un continuum entre experiencias pasadas y la situación presente, entre la atención concreta y pormenorizada y la atención global?

a) Paciencia.
b) Honestidad.
c) Alternancia del ritmo.
d) Conocimiento.

16. Está obligado a guardar secreto profesional:

a) El médico especialista.
b) El médico y el técnico especialista.
c) Todos los que intervengan en la acción sanitaria del paciente.
d) El médico, el técnico especialista, el enfermero y el auxiliar de enfermería.

17. ¿Qué se define como la obligación permanente de silencio que contrae el sanitario respecto a todo lo sabido o intuido sobre una o más personas en el transcurso de su relación profesional?

a) Responsabilidad profesional.
b) Secreto profesional.
c) Confidencialidad.
d) Nada de lo anterior es cierto.

18. El tiempo de vigencia del secreto profesional es hasta:

a) La duración de la relación con el paciente.
b) Toda la vida del paciente.
c) Los tres meses después de la relación con el paciente.
d) Incluso hasta después de la muerte del paciente.

19. ¿Cuál de los siguientes se consideran "deberes" de cualquier profesional sanitario en el ejercicio de su labor?

a) Secreto profesional.
b) Secreto personal.
c) Deber de no información.
d) Deber de acción u omisión.

20. ¿Qué condición es aquella que posee el secreto profesional del deber de guardar el hecho conocido cuando este pueda producir resultados nocivos o injustos sobre el paciente si se viola el mismo?

a) Condición moral.
b) Condición jurídica.
c) Condición legal.
d) Condición legítima.

21. ¿A quién obliga el secreto profesional a nivel de profesionales de la sanidad constituyentes de equipos o grupos de trabajo?

a) A los facultativos.
b) A los enfermeros.
c) A los auxiliares de enfermería.
d) A los profesionales integrantes del grupo de trabajo.

22. ¿Qué circunstancia para el TCAE no es objeto de secreto profesional?

a) Confidencias del paciente, aunque sean ajenas a lo profesional.
b) Los datos sobre salud y enfermedad del paciente.

c) Cuando reconozca a un cadáver que se sospeche que ha podido morir como conse-cuencia de algún acto delictivo, en tal caso, se da parte a la justicia.

d) Todos los datos que se conocen por causa del trabajo realizado con o sin autoriza-ción y consentimiento del paciente.

23. Cualquier menosprecio al secreto profesional será contrario a:

a) Los principios deontológicos de la práctica sanitaria.

b) Los principios éticos de la práctica sanitaria.

c) Los principios éticos y deontológicos de la práctica sanitaria.

d) Los principios éticos, deontológicos y legales de la práctica sanitaria.

24. ¿En qué artículo de la Constitución española se establece que la ley regulará el derecho a la cláusula de conciencia y al secreto profesional en el ejercicio de estas libertades?

a) En el artículo 18.

b) En el artículo 19.

c) En el artículo 20.

d) En el artículo 21.

25. ¿En qué ley se establece que «toda persona tiene derecho a que se respete el carácter confidencial de los datos referentes a su salud, y a que «nadie pueda acce-der a ellos sin previa autorización amparada por la ley»?

a) Ley General de Sanidad.

b) Ley de Autonomía del paciente.

c) Ley de garantías y uso racional de los medicamentos y productos sanitarios.

d) Constitución española.

Solución al test n.º 17

1. d) Ética.

2. d) Cuidado, persona, salud y de entorno.

3. c) En 1893 (Hospital Harper-Detroit).

4. c) Metaparadigma.

5. a) El «Juramento Hipocrático».

6. c) 1953, en el Congreso de Enfermería de Sao Paulo (Brasil).

7. a) Las normas han de cumplirse obligatoriamente, están positivadas y obviamente están ligadas al Estado.

8. c) Valores.

9. c) Salud.

10. c) Valores intrínsecos.

11. a) Difamación.

12. d) Agravio.

13. d) Agresión.

14. b) Prudencia.

15. c) Alternancia del ritmo.

16. c) Todos los que intervengan en la acción sanitaria del paciente.

17. b) Secreto profesional.

18. d) Incluso hasta después de la muerte del paciente.

19. a) Secreto profesional.

20. a) Condición moral.

21. d) A los profesionales integrantes del grupo de trabajo.

22. c) Cuando reconozca a un cadáver que se sospeche que ha podido morir como consecuencia de algún acto delictivo, en tal caso, se da parte a la justicia.

23. d) Los principios éticos, deontológicos y legales de la práctica sanitaria.

24. c) En el artículo 20.

25. b) Ley de Autonomía del paciente.

TEST N.º 18

Trabajo en equipo: equipo multidisciplinar. Habilidades sociales para la comunicación. La empatía, la escucha activa y el apoyo emocional al mayor y a la familia

1. Al individuo que habla, gesticula, escribe, pinta, etc., en la comunicación, se le denomina:

a) Mensajero.
b) Fuente.
c) Receptor.
d) Destino.

2. ¿Cómo se denomina la comunicación en que se emite un mensaje por parte del emisor que llega al receptor, consiguiendo que este ejecute una tarea o una función?

a) Comunicación Horizontal.
b) Comunicación Diagonal.
c) Comunicación Vertical.
d) Comunicación Triangular.

3. ¿A qué se denomina el método que permite a una persona hacer comprensible a otra cualquier idea o hecho que se le quiere transmitir?

a) Comunicación.
b) Transmisión.
c) Explicación o charla.
d) Transferencia.

4. ¿Qué barrera del lenguaje se da por discapacidad física?

a) Neurosis.
b) Alteraciones de la memoria.
c) Ceguera.
d) Psicosis.

5. ¿Cuál es el objetivo en la relación interpersonal celador/paciente/familiar?

a) La salud.
b) La eficiencia profesional.
c) La ayuda.
d) La eficacia profesional.

6. ¿Qué término se aplica cuando en una relación interpersonal no se consigue lo que se esperaba?

a) Enojo.
b) Frustración.
c) Agresividad.
d) Deserción.

7. ¿En qué pilares ha de basarse la relación interpersonal?

a) Compromiso, objetivo común y desinterés.
b) Sinceridad, confianza y respeto.
c) Cooperación, dominación y aislamiento.
d) Confianza, creatividad, compromisos renovados y respeto mutuo.

8. ¿Cómo se denomina aquella habilidad personal que nos permite expresar sentimientos, opiniones y pensamientos, en el momento oportuno, de la forma adecuada, sin negar ni desconsiderar los derechos de los demás?

a) Compromiso.
b) Empatía.
c) Simpatía.
d) Asertividad.

9. El funcionamiento objetivo de un equipo de trabajo debe reunir todas estas características excepto:

a) Determinación del fin a obtener de modo transparente.
b) El fin a obtener debe ser conocido por todos sus miembros.
c) Descripción de soluciones mediante la utilización de las sugerencias y soluciones expuestas por los miembros.
d) Ejecución del objetivo, exclusivamente a través del líder o superior.

10. ¿Qué es falso de estas afirmaciones?

a) Un grupo de personas es siempre un equipo de trabajo.
b) Un equipo de trabajo está formado siempre por un grupo de personas.
c) Un equipo es un grupo de personas que se organiza para realizar una actividad con un objetivo preciso.
d) Grupo y equipo son dos conceptos diferentes.

11. ¿Qué se define como la integración de elementos que da como resultado algo más grande que la simple suma de estos?

a) Antagonismo.
b) Coordinación.
c) Indiferencia.
d) Sinergia.

12. El compromiso en un trabajo en equipo es:

a) Cuando cada miembro asume voluntariamente el hecho de aportar lo mejor de sí mismo, para conseguir los objetivos del grupo y de la organización en general.
b) La necesidad de poder coordinar las distintas actuaciones individuales.
c) La interdependencia positiva entre las personas participantes en un equipo.
d) Todo lo anterior es falso.

13. ¿Cuál es la cifra recomendada en cuanto a número de miembros en los equipos de salud?

a) De aproximadamente 5.
b) De aproximadamente 10.
c) De aproximadamente 15.
d) De aproximadamente 20.

14. ¿En qué etapa de la puesta en marcha de un equipo de trabajo se superan generalmente los enfrentamientos personales y el proyecto comienza a salir adelante?

a) En la etapa de inicio.
b) En la etapa de madurez.
c) En la etapa de acoplamiento.
d) En la etapa de primeras dificultades.

15. ¿Qué rol de estos consideras que es funcional de producción en un equipo de trabajo?

a) El crítico.
b) El iniciador.
c) El pícaro.
d) El negativo.

16. ¿Cómo se denomina a aquel sujeto *con capacidad para formar, orientar y dar criterio a un determinado grupo de auxiliares, en una institución sanitaria*?

a) Líder.
b) Intelectual.
c) Asertivo.
d) Prolíder.

17. ¿Qué función de un líder de un grupo multidisciplinario no es adecuada?

a) Hacer que marche y funcione sin más la organización.
b) Ordenar y controlar los conflictos internos.
c) Imbuir el espíritu del grupo.
d) Definir la misión y el papel del grupo.

18. ¿Qué estilo de comunicación favorece la cooperación y evita la confrontación?

a) Comunicación agresiva.
b) Comunicación pasiva.
c) Comunicación asertiva.
d) Comunicación manipulativa.

19. En el proceso de comunicación, ¿cuál es el principal obstáculo cuando el técnico utiliza un lenguaje que el paciente no puede descodificar?

a) Terminología científica.
b) Expresión no verbal.
c) Flujo de información excesivo.
d) Interferencias psicológicas.

20. ¿Cuál de los siguientes no es un componente de la actitud según la psicología social?

a) Componente cognoscitivo.
b) Componente afectivo.
c) Componente motivacional.
d) Componente conductual.

21. Cuando un técnico en Cuidados Auxiliares de Enfermería se comunica con el paciente, trata de compartir adecuadamente todo lo que se expone, excepto:

a) Informaciones e ideas.
b) Actitudes.
c) Sentimientos.
d) Asuntos personales de trascendencia del técnico.

22. La comunicación que emplea el código dibujos es:

a) Lingüística escrita.
b) Lingüística visual.
c) No lingüística visual.
d) No lingüística gestual.

23. En la distancia pública el TCAE y el paciente que se comunican están separados en más de:

a) 0,5 m.
b) 1 m.
c) Más de 2 m.
d) Entre 1 y 2 m.

24. ¿En qué componentes de las actitudes, según el modelo de McGill, se deben sustentar el apoyo y la ayuda a la persona enferma, y por ello en su formación?

a) Habilidades sociales y componente conductual de la actitud.
b) Componente físico y conductual de la actitud.
c) Componente afectivo, cognoscitivo y conductual de la actitud.
d) Componente físico, afectivo, cognoscitivo y conductual de la actitud.

25. En un equipo de trabajo:

a) Su organización es muy jerárquica.
b) Cada miembro puede tener una manera particular de funcionar.
c) Es necesario que posean todos sus miembros la misma profesión.
d) Es necesaria la coordinación.

Solución al test n.º 18

1. b) Fuente.

2. a) Comunicación Horizontal.

3. c) Explicación o charla.

4. c) Ceguera.

5. c) La ayuda.

6. b) Frustración.

7. b) Sinceridad, confianza y respeto.

8. d) Asertividad.

9. d) Ejecución del objetivo, exclusivamente a través del líder o superior.

10. a) Un grupo de personas es siempre un equipo de trabajo.

11. d) Sinergia.

12. a) Cuando cada miembro asume voluntariamente el hecho de aportar lo mejor de sí mismo, para conseguir los objetivos del grupo y de la organización en general.

13. b) De aproximadamente 10.

14. c) En la etapa de acoplamiento.

15. b) El iniciador.

16. a) Líder.

17. a) Hacer que marche y funcione sin más la organización.

18. c) Comunicación asertiva.

19. a) Terminología científica.

20. c) Componente motivacional.

21. d) Asuntos personales de trascendencia del técnico.

22. c) No lingüística visual.

23. c) Más de 2 m.

24. c) Componente afectivo, cognoscitivo y conductual de la actitud.

25. d) Es necesaria la coordinación.

TEST N.º 19

El profesional de referencia en la Ley 3/2024, de 12 de abril, reguladora del modelo de atención en los centros de carácter residencial y centros de día de servicios sociales para cuidados de larga duración en Castilla y León

1. A quién se le asignará un profesional de referencia según el artículo 12 de la Ley 3/2024:

a) Solo a las personas en situación de dependencia.
b) Solo a las personas con discapacidad.
c) A toda persona usuaria de un centro residencial o de día, independientemente de su situación.
d) Solo a las personas mayores de 65 años.

2. Quién asume la función de profesional de referencia:

a) Un administrativo del centro.
b) Un voluntario asignado por el centro.
c) Un profesional de atención directa.
d) Un miembro del equipo técnico del centro.

3. Cuál es el objetivo principal del profesional de referencia:

a) Supervisar la limpieza del centro.
b) Administrar los recursos financieros del usuario.
c) Acompañar a la persona y ayudarla a vivir conforme a su proyecto de vida.
d) Realizar informes para la dirección del centro.

4. Con quién debe coordinarse el profesional de referencia:

a) Con el personal de cocina del centro.
b) Con el profesional gestor de caso.
c) Con los familiares del usuario exclusivamente.
d) Con el personal de mantenimiento del centro.

5. Cómo debe ser la relación entre el profesional de referencia y la persona usuaria:

a) Ocasional y sin regularidad.
b) Estrecha, con regularidad y continuidad.
c) Meramente protocolaria.
d) Basada solo en informes escritos.

6. Qué función tiene el profesional de referencia respecto a los problemas y demandas del usuario:

a) Derivarlas siempre a la dirección del centro.
b) Atenderlas, canalizarlas y buscar soluciones dentro del centro.
c) Ignorarlas si no están contempladas en el reglamento.
d) Enviar un informe mensual a la administración central.

7. Cómo debe actuar el profesional de referencia respecto a las actividades del usuario:

a) Obligar a la persona usuaria a participar en todas las actividades.
b) Priorizar las actividades que el centro considere necesarias.
c) Adaptar y coordinar las actividades en función del proyecto de vida del usuario.
d) Limitar las actividades a aquellas relacionadas con la salud.

8. Qué documento debe elaborar el profesional de referencia sobre el usuario:

a) Un informe económico.
b) Un expediente disciplinario en caso de incumplimiento.
c) La historia de vida del usuario.
d) Un resumen semanal de sus actividades.

9. Quién determinará el número máximo de usuarios asignados a un profesional de referencia:

a) Cada centro residencial de forma independiente.
b) Los propios usuarios mediante votación.
c) El profesional de referencia, en función de su disponibilidad.
d) La normativa de desarrollo de la Ley 3/2024.

10. Qué principio fundamental guía la labor del profesional de referencia:

a) La eficiencia económica del centro.
b) La supervisión de normas disciplinarias.
c) El respeto a la dignidad y autonomía de la persona usuaria.
d) La optimización de los recursos del centro.

11. Quién tiene la responsabilidad última sobre la persona usuaria:

a) Solo el profesional de referencia.
b) Solo el director del centro.
c) Solo el gestor de caso.
d) El profesional de referencia, en coordinación con otros profesionales del centro.

12. Cuál de estos no es un cometido del profesional de referencia:

a) Establecer una relación de apoyo con el usuario.
b) Documentar la historia de vida del usuario.
c) Aplicar sanciones disciplinarias al usuario.
d) Coordinar la ejecución de actividades para el usuario.

13. Cómo debe ser la atención proporcionada por el profesional de referencia:

a) Supervisada constantemente por la dirección del centro.
b) Basada exclusivamente en decisiones médicas.
c) Personalizada y adaptada a cada usuario.
d) Igual para todos los usuarios sin excepción.

14. Qué elemento es esencial en la relación entre el profesional de referencia y la persona usuaria:

a) Autoridad y disciplina.
b) Confianza y apoyo.
c) Neutralidad absoluta.
d) Jerarquía y supervisión.

15. Qué tipo de centro debe asignar un profesional de referencia a sus usuarios:

a) Solo los centros de atención diurna.
b) Solo los centros de atención residencial.
c) Tanto los centros de día como los centros residenciales.
d) Solo los centros privados.

16. Cuál es el papel del profesional de referencia en la ejecución del proyecto de vida del usuario:

a) No tiene ningún papel, solo informa al usuario de las normas.
b) Garantiza que el usuario cumpla con las reglas del centro.
c) Asegura que el proyecto de vida del usuario se lleve a cabo.
d) Solo interviene si el usuario tiene dificultades económicas.

17. Qué aspecto es clave en la intervención del profesional de referencia:
a) La toma de decisiones unilaterales.
b) La limitación de opciones para evitar conflictos.
c) La coordinación con el equipo del centro y el usuario.
d) La supervisión de la asistencia médica.

18. En qué situaciones se le asigna un profesional de referencia a un usuario:

a) Solo si el usuario lo solicita expresamente.
b) Solo si el usuario tiene más de 80 años.
c) Siempre que el usuario sea parte del centro, sin importar su situación.
d) Solo si tiene una discapacidad reconocida.

19. Qué garantiza el profesional de referencia en relación con la integración del usuario:

a) Su adaptación obligatoria a las reglas del centro.
b) Su acceso preferente a ciertos servicios.
c) Su vinculación con el entorno y su desarrollo personal.
d) Su independencia total sin supervisión.

20. Qué es el profesional de referencia dentro de la estructura del centro:

a) Un trabajador administrativo.
b) Un supervisor de personal.
c) Un interlocutor cercano y cualificado para el usuario.
d) Un encargado de seguridad.

Solución al test n.º 19

1. c) A toda persona usuaria de un centro residencial o de día, independientemente de su situación.

2. c) Un profesional de atención directa.

3. c) Acompañar a la persona y ayudarla a vivir conforme a su proyecto de vida.

4. b) Con el profesional gestor de caso.

5. b) Estrecha, con regularidad y continuidad.

6. b) Atenderlas, canalizarlas y buscar soluciones dentro del centro.

7. c) Adaptar y coordinar las actividades en función del proyecto de vida del usuario.

8. c) La historia de vida del usuario.

9. d) La normativa de desarrollo de la Ley 3/2024.

10. c) El respeto a la dignidad y autonomía de la persona usuaria.

11. d) El profesional de referencia, en coordinación con otros profesionales del centro.

12. c) Aplicar sanciones disciplinarias al usuario.

13. c) Personalizada y adaptada a cada usuario.

14. b) Confianza y apoyo.

15. c) Tanto los centros de día como los centros residenciales.

16. c) Asegura que el proyecto de vida del usuario se lleve a cabo.

17. c) La coordinación con el equipo del centro y el usuario.

18. c) Siempre que el usuario sea parte del centro, sin importar su situación.

19. c) Su vinculación con el entorno y su desarrollo personal.

20. c) Un interlocutor cercano y cualificado para el usuario.